U0033456

Lah-jih

身世kap親人

台灣第一本——
台語文三代人的家族史

蕭平治——著

代 序

台灣羅馬字協會理事長
Tiuⁿ, Hỏk Chû (張復聚)
2019年2月

Kap Lah-jih(蕭平治)兄熟似mā有超過20年久lah！ Chit中間hō͘我足欽佩kap感謝--ê是：90年代我開始tī高雄教台語文時，伊無條件提供眞濟課本kap錄音帶hō͘我做教材！Chiah-ê教材lóng是Lah-jih兄家己編寫--ê！Chiah-ê教材後--來mā成做我家己編課本chiok好ê參考資料。頭一pái按呢正式公開kā Lah-jih兄soeh謝！

Lah-jih兄kap我lóng是彰化人：伊tòa Chhâng-tiong-ng(田中)，我出世tī埔心鄉瓦窯厝。往過阮無sek-sāi。講--來眞趣味，是爲著做台灣母語運動，阮chiah有機會做伙拍拚！感謝台灣母語！

語言ài靠文字記錄chiah會當流傳。Mā ài有文字寫作kap修改，chiah會進步。若是一直tiàu tī口語khám站，不但bē進步，mā眞緊會無--去！咱眞濟平埔族ê母語就是按呢phah無--去。完整ê語言能力是：聽、講、讀、寫。這就是阮做伙teh拍拚ê基本想法kap目標。

Taⁿ，Lah-jih兄kā理想用行動來實現！用伊ê彰化腔母語寫這本冊，詳細紹介伊ê身世kap親人。我chiok有福氣thang

代先讀！

這本冊內容chiok濟：有祖厝歷史變遷、有爸母慈愛事蹟、有兄弟溫暖親情；mā有Lah-jih兄tī學校讀冊ê趣味代誌。Hō͘我siōng-kài感動--ê是Lah-jih兄ê大嫂、二嫂親像阿母按呢teh kā su-hāu！因為Lah-jih親阿母tī伊iáu iù-chíⁿ時就過身，Lah-jih成做無阿母疼痛ê可憐gín-á！好佳chài，天公疼Lah-jih，派2ê chiok有愛心ê兄嫂——大嫂kap二嫂來kā照顧！讀Lah-jih兄寫數念大嫂、二嫂ê文章，hō͘人流目屎！Lah-jih兄實在有夠好運koh好命，自細漢就有這款兄嫂thang來kā款待！

Lah-jih兄lóng叫阿母「ī--ā」，hō͘我想著阮tòa tī溪湖ê阿姨，in兜ê大細漢gín-á mā是叫阿母「i--a」，he是50外冬前ê代誌ah。我chit-má臆，這款詞kám是對原住民來--ê？就我所知，台灣原住民稱呼阿母大約是tina、cina、kina這款詞。另外，Lah-jih兄有講著有ī--ā平埔族ê DNA，莫怪伊ê個性善良、戇直、拚勢koh bē計較……。

這本冊siōng-kài大ê貢獻應該是台灣母語書寫！在來台灣人寫家己ê代誌，不管是家族史、個人史，á-sī遊覽記錄、心得記事，會使講lóng chiok罕得有用家己母語寫--ê！因端是台灣人一直hō͘人殖民，家己ê母語，學校無beh教，致使台灣人kan-ta會曉「聽講」家己ê母語，袂曉「讀寫」！Lah-jih兄是台灣母語復振運動者，當然用母語寫！讀伊寫ê文章，m̄-nā了解蕭--家家族kap建築相關事項，koh會當「聽」著Lah-jih兄活跳跳ê聲音！特別是讀伊寫ê【阿爸ê鹿角薰吹】，你會親像本人就徛tī現場看in爸á-囝teh對話，mā有「聽」著in ê聲嗽、khùi口，kap「看」著實際ê動作、表情！這就是母語文章厲害ê所在。用別款語言寫bē出台灣人按呢有聲音koh有影像ê文稿！看伊tài肺癆tī山頂hō͘大嫂照顧，hoān-sè比阿母khah週至！Lah-jih兄眞正是好命囝！

這本冊內面有眞濟話語是漸漸已經失傳ê台灣話，比喻落地掃(歌仔戲)、gîm-chî^{n}(簷)、紅毛土桌、暗學仔、厝埕、門口埕、豆油膏、大舌、冬尾、公媽廳、chháu-in(草絪)、塗礱、抛荒、bâ-bui-chí [無患子核]、cho̍k窟仔、(phoa̍h-tháng) chhiū^{n}水、心適ê唸謠、筍龜、糙米龜、牛角oai^{n}h 、痔呴喘、kia̍p喙、掃梳、pīn-tōa^{n}、眠床道、thè^{n}腿……，chiok濟名詞，這後擺定著是台語語言學眞寶貴ê語料，眞有語言學ê價值。

另外，親像祖厝ê建築、間隔、將爺廟仔、役會、(大墓)坐西向東、做穡人ê生活、拜神、做戲、觀童乩、子弟陣排場、王祿仔、賣藥仔、拍拳頭賣膏藥……，甚至眠床邊khǹg尿桶屎桶、查埔囡仔chhìn-chhài放屎尿……，挨弦仔ê樂譜「士上合乙／士-／合士合工／乂-／六工乂／」、koh有Lah-jih聽著阿爸拍出廳ê時大聲háu「Niû-pē--ō！ Niû-lé--ō！..........」等等，這lóng是人類文化學kap 民俗學ê好材料！這mā屬阮tng-teh推sak 台灣主體性ê台灣學(Taiwanology) lah！

上尾，我足期待Lah-jih兄用母語寫自傳，相信定著足精彩！

咱ê青春kap siàu念

——序蕭平治《Lah-jih身世kap親人》

Teng Hongtin 丁鳳珍 2018/12/31

78歲ê蕭老師berh出新冊，49歲ê Hongtin chiâⁿ歡喜ē-tàng有機會寫序，因爲蕭老師實在chin心適koh頂眞。熟似蕭老師berh óa 30 tang，無論世界gōa-nī-á複雜，khòaⁿ tio̍h蕭老師tō感覺，咱kâng-khoán ē-tàng簡單純眞來面對家己。蕭老師mā是我ê遠端線頂台語老師，若是有無理解ê台語，隨時伊攏會kā咱tàu-saⁿ-kāng。蕭老師是熱情ê學生，伊食kàu老學kàu老，結果，伊lú學lú少年，滿面春風心花開。

1941昭和十六年出世ê蕭老師，「Lah-jih」是tùi「平治」ê日語發音來--ê，因爲án-ní，《Lah-jih身世kap親人》記錄活過三个殖民統治時期ê台灣人ê故事，因爲Lah-jih是惜情重義koh頂眞ê台灣人，因爲Lah-jih是古意溫暖ê台灣人chhiâⁿ養大漢ê台灣gín-á，tō是án-ní，《Lah-jih身世kap親人》展現獨一無二ê光彩kap深情ê浪漫。

世間無第二个蕭Lah-jih，kan-nā蕭平治ē-tàng寫出蕭Lah-jih迷人ê青春，結果，he mā是咱ê青春；kan-nā蕭平治ē-tàng寫出蕭Lah-jih對親人深深ê siàu念chham感恩，結局，寫出咱共有ê思慕kap懷念。Lah-jih ē-tàng kā che出冊chham逐家分享，Chin chán！

〔志榮公〕

崁頂庄ê記智（1948-1960）

Lah-jih_20140210

崁頂庄自古早到chit-mái，和諧團結眞出名，庄眾多數姓蕭，奮公祖厝tòh起tī庄內，外姓 黃、江、張、謝、陳、紀、邱，攏kap蕭姓結緣眞深，有ê是姓蕭ê招婿，有ê是蕭--姓ê姻親，逐家互相兄弟叔孫稱呼，論輩無論歲，伯公姆婆、叔公嬸婆、姑丈丈公、阿姑姑丈、丈公姨婆、叔公祖舅公祖，有大有細，無leh烏白稱呼。因爲庄內厝宅集中，人口眞濟，婚喪喜慶陪綴有leh分角頭，若是庄內公眾代誌，tòh按古例規矩做伙來，出公工、納丁錢，poàh頭家、爐主神明代，寒天巡更、做冬尾戲、割香迎神明，只要頭人發落喝聲，煮食、搭棚、弄獅、叁筆鑼仔、子弟陣，隨時就位chhoân-piān-piān，無人會推辭，chit款團結合作ê好風俗，到今猶原維持。公眾代全庄來，陪綴tòh照親情關係kap族親親疏來分，族親親疏大約按奮公派下「團」--字世系，團欽、團圍、團環、團武kap團貴做區分，抑是照角頭來。

下面tòh來紹介早期崁頂庄角頭名kap團--字世系住宅位置：

1960年代崁頂庄蕭姓角頭名kap世系族親住宅分配圖：

背景下載自 2014 Google 空拍圖

土地公廟仔 kap 將爺廟仔：

已經焦--去ê大欉榕仔：

役會：

翻修前ê祖厝：

古早ê祖厝：

現在ê祖厝：

※按角頭名來紹介：

▲公埕：廟埕兼大路tȯh是公埕，拜神、做戲、觀童乩、弄獅、澎湖先A-Jiông師教拳頭、子弟陣排場攏tī chia，王祿仔、賣藥仔、拍拳頭賣膏藥、落地掃、歌仔戲mā選tī chia，是庄頭集會好所在，大人、囡仔攏意愛。公埕有兩間廟仔，坐北向南，西爿土地公廟仔，服祀土地公土地婆，磚仔起，khàm日本瓦，內面拜桌是紅毛土桌，無拜拜時有囡仔tī chia sńg，大人tī chia跋筊。東爿將爺廟仔，木造khàm安全瓦，有拜亭，3仙元帥爺無裝金身，kan-na用稻草tān做人形，用紙枋畫五官貼人面，有較陰，囡仔m̄敢入去sńg，冬尾時做巡更寮仔。公埕埕尾倚姓邱--ê厝宅溝仔邊有1-kâi「公井」，水泉飽足，水質眞清，是規庄人ê食水，有井盤閣有搭棚khàm厝頂，井chhiāⁿ半人koân，較安全，m̄-koh猶是有人無細膩跋落鼓井底，好佳哉救有轉--來。

▲役會：日本時代建築，木造瓦厝，前後壁堵攏開窗仔門，thang光通風，厝後有空地，厝前門埕有花園、旗台，大門邊有磚仔疊ê牆圍，是室內集會所，暗學仔、幼稚園、庄民大會、「集雲軒」曲館金龍師教絃管、唱曲攏總tī chia進行，落雨天排場、搬戲、做王祿仔……好所在。

▲祖厝：書山祠是蕭--姓奮公派下祖祠，慣勢講做祖厝，每年正月十三祭祖chiâⁿ鬧熱，m̄-nā厝埕闊，厝後厝邊閣有水田，四箍輾轉用紅磚仔khōng牆圍。

▲竹圍仔(團欽/團貴)：傳統竹圍厝宅，刺竹模圍tiâu--leh，tī茗宅仔東北爿，有兩內底。西爿chit內底向北起，團欽囝孫金火、金水、來春、文溪、文福、家修、家明、家炎、家角……ê厝宅；東爿chit內底向東起，大門開tī南爿，有牌樓戶橂，團貴囝孫厝宅，貴川、明鏡、明利、清標、清林、江榜、水溝、家舜、家再厝宅。

▲茗宅仔(團欽)：崁頂庄上大內底，除了正身，護龍起kah chát-thóng-thóng，向西起ê本內底，猶有包含鴻--ê、仁貴--ê、文典--ê、百枝--ê、坤河--ē各別門戶內底。聽講古早是種茗葉、茗藤、茗花ê宅仔，攏是團欽派下囝孫，添登、添志、朝木、章哲、赤牛、諒、永賢、文典、水榮、鴻、連益、仁貴、再傳、振德、深池、茂桂、乞、再爲、百枝……ê厝宅。

▲榕仔跤(團圍)：聽講chia古早有一欉榕仔，除了姓蕭--e，mā有陳姓囝孫。蕭姓攏是團圍派下囝孫，新科、新環、銘發、銘郁、元讚、元甲、金閣、金殿、江彬、金印、邦訓、金郎、明堂、明國、明魁、烏棕、榮林、榮杉ê厝宅。

▲頭前庄(團欽)：分做4-kâi門口埕，3-kâi向南，1-kâi向西，攏是團欽派下囝孫，蕭梓、清苗、新科、蕭益、如圭、如東、東鄰、愛哮、水藤ê厝宅。

▲後壁厝(團武)：分做3-kâi門口埕，攏是團武派下囝孫，昌蔭、昌添、光達、源盛、源潔、坤修、光沙、福傳、清四、清歪、成ê厝宅。

▲瓦厝底(團圍)：大門是門樓仔，三進三落，mā講做「門

樓仔內底」，周圍眞濟刺竹模，前後埕，正身後壁有鼓井，有臭水管味，kan-na ē-tàng洗盪用，團圍派下朝宰公囝孫，光貴、光寬、紹振、蕭添福、蕭添壽、蕭添猷、添露、有朋、炳模、順恒、順孝、顏淵、順來、順意、順強ê厝宅。

▲大欉榕仔(chhêng-á)：佇東爿庄外水田溝仔邊，足大欉，分椏眞濟，chah日頭光線眞闊，熱--人閃涼ê好所在，peh上樹頂有眞濟樹椏ē-tang hài^{n}-tōng-chhiu，ē-tàng the^{n}--leh睏，可惜tī 199？年著病枯焦死--去。

▲四跤涼亭；Ún-jī(允藝) ê店仔；Chàn-sêng-á(清在) ê店仔；Làu-tó-se--a(邱平福) ê店仔。

※按「團」--字世系住宅來紹介：

▲大房團周：缺

▲二房團欽：範圍上闊。竹圍仔西爿內底；茎宅仔；頭前庄；順良(木泉)兜；接生/羅漢/壬辰兜；慶樑維欽/純清如泉兜；日性/清俊/清雲/連坤/連魁兜；清課/耀輝兜。

▲四房團環：宗標/進成/輔港/山河/家丁兜；東波/家定/福財/火聖/萬松兜。

▲五房團清：缺

▲六房團武：後壁厝。

▲七房團亨：缺

▲團貴：竹圍仔東爿內底，貴川、明鏡、明利、清標、清林、

江榜、水溝、家舜、家再。

▲庄北員集路邊kap社頭隔界：蕭紹賡(昌薰)/蕭敦仁兜。

▲庄南東爿圳溝邊：蕭曰亨/倫振/倫恭兜；蕭興科/樹木兜；蕭昌甲兜。

▲外姓：黃文/國彥兜；黃溝/黃輝兜；紀清水兜；謝--姓兜；張--姓兜；邱--姓兜。

※心適ê唸謠：

鬥句好唸，記人名好步數，無歹意。

▲唸謠一：東波--ê生家定，萬松--ê生石鐘，石鐘眞chiâⁿ khong，火性--ê生阿宗，阿宗臭耳聾，日性--ê生汝南，汝南--ê眞chiâⁿ 婧，阿魁--ê生木水(春行)，木水--è眞chiâⁿ khong，坤--ê生茂聰，茂聰--ê皮眞韌，清寅(清雲)--ê生萬順，萬順--ê眞無閒，俊--ê生嘉明(吉明)，嘉明--ê愛食肉，賣豆油--ê叫阿甲。 ----記12鄰人名。

▲唸謠二：Chhó(草)、Chài(再)、Toān(緞)、Iām(炎)、Thiam(添)；かつ(和四)、まつ(五郎)、Tiong-kài(忠介)、Hiân(阿賢)、Ban(阿屘)。----記choân--ē(蕭如泉)11个囝名。

▲唸謠三：Hoe(花)、Toān(緞)、Ko(興明)、Eh--è(嘉惠)、Gián(研)、Chhó(草)；Hoe、Toān、Bêng、Eh--è hoán-hêng。

----記蕭添福ê囝名。

※仝名區分：庄內仝名bē少，需要無仝ê稱呼。竹圍仔Súi vs大頭仔Súi；牛車福vs碗粿福vs矮仔福；豆油膏甲vs榕仔

跤甲 vs 大舌甲；竹圍仔明 vs 後壁厝明 vs khong 明 / 火明 --ê；牛車輝 vs 黃仔輝 vs 紅猴輝；竹圍仔溝 (水溝) vs 黃仔溝 vs 缺喙溝；紀丁 ûi vs 黃仔 ûi；竹圍仔標 vs 宗標 --ê；長腰科 vs 榕仔跤科 --ê vs 紅毛仔科。

※崁頂庄名人：

▲蕭紹賡(昌薰)：蕭敦仁 ê 老爸。日本時代做過卓乃潭區區長、書記、街庄長，崁頂蕭姓族長。

▲蕭敦仁：1907 年總督府國語學校畢業，做過彰化縣農會理事、臺中州員林郡田中庄長、臺中田中信用組合長、卓乃潭區長、田中庄長、臺灣省臨時省議會第一屆議員。田中鎮農會創辦人。1917 年授紳章。

▲蕭鴻：做過田中鎮第二、三屆鎮長。

▲蕭金印：做過田中鎮代表、代表副主席。

▲蕭振瓊：做過田中鎮代表。

▲蕭貴川：煤礦業董事長。

▲蕭輔港：田中代表會秘書。

▲蕭令：電信局局長。

▲蕭文典：田中鎮公所。

〔志榮公厝地〕

崁頂廷光公－輝騰公－志榮公厝宅記憶

Lah-jih_20131012

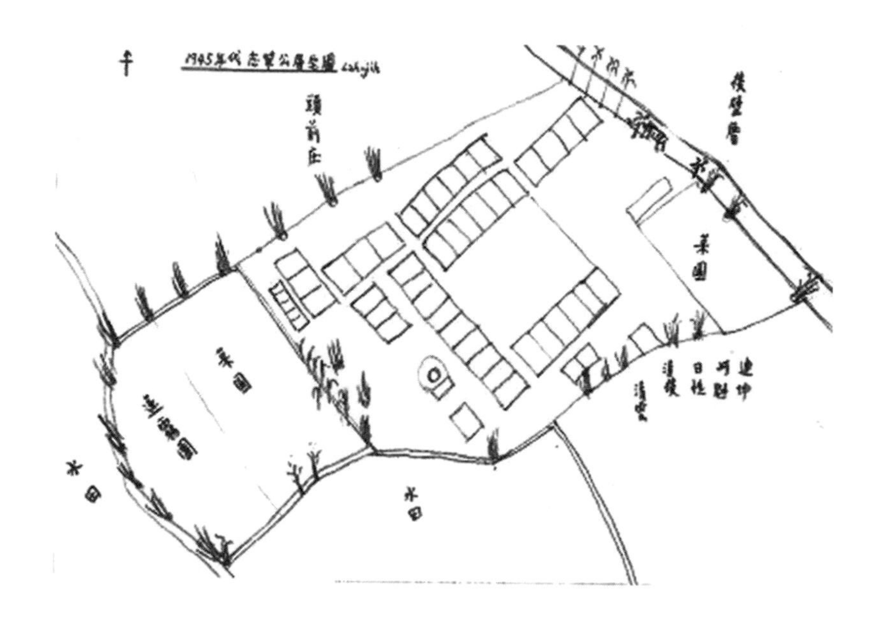

時代變遷眞緊，ē記得7,8歲囡仔時代，咱兜門口是燈籠花欉做籬笆，大門是柴造門樓仔，三進三落，ùi路邊水溝橋頂peh三坎上平台，chiah koh落三坎入來門口埕；厝間無夠40間，人口無夠60人，經過1甲子後ê今仔日已經是人丁

旺盛，頂埕、下埕、正身、護龍後，攏是厝間koh thảh樓仔，起kah chảt-thóng-thóng，kap原本ê厝宅差眞濟。出外人tiāⁿ-tiāⁿ想起故鄉，老歲仔人較捷是想起細漢囡仔時，趁頭殼猶清醒猶有氣力，趕緊kā細漢記智寫--落來，一--來解心悶，回想人生，二--來 mā-thang做蕭--家歷史，hō後代囝孫數念追思。

根據大旺公遺留〈1899年蕭朝宰公復興大租均分鬮書〉記載，肇基祖朝宰公傳下有五大房，建置「復興館大租」，1冬收租粟大約有110石，算是好額人，傳到第六代，日本人來時，大旺公chiah hoảt-lỏh將此大租均分拈鬮為定，照鬮掌管。一世代若以25年計算(25x5=125)，建置「復興館大租」到大旺公時代已經有125年久，1899-125=1754，ē-tàng斷定朝宰公出世tī 1754年進前(2013-1754=259)，肇基祖朝宰公年紀到2013年大約將近有300歲。

根據志榮公遺留〈1819年蕭輝騰公竹圍厝地鬮書〉記載，輝騰公傳下有五大房，竹圍厝地有三處，可惜現此時kan-na有志榮公傳下囝孫kap崁頂庄竹圍厝地。2013－1819=194，ē-tàng證明崁頂庄竹圍厝地至少超過200冬。

根據Lah-jih編寫《蕭姓 廷光公派下家譜》世代推算，蕭--家開基祖 朝宰公出世到2013年將近有300冬；第四代祖 志榮公出世到2013年mā已經超過200冬。聽講蕭--姓奮公派下第四世團圍公ê祖厝本來起tī小紅毛社，咱祖 朝宰公有可能本成是tòa-tī小紅毛社hit爿。朝宰公傳五大房，kan-na大房廷光公囝孫tòa-tī崁頂，是啥物時陣搬徙來崁頂，建置chit-má ê「坐西向東」字向ê竹圍厝地，已經無法追查。若根據志榮公ê墓園(大墓) 是tī崁頂庄南爿第三公墓邊來思考，崁頂祖家應該有200年以上ê歷史。咱祖廷光公、輝騰公、志榮公ê厝宅規模是崁頂庄siōng-kài闊、siōng-kài大範、siōng-kài有「兜」ê感覺，正身護龍，前有頂、下埕，後有古井，四箍圍有刺竹模kap燈籃仔花籬笆，siōng-kài特別--è是大門有門樓仔，三進三落，非常氣派。厝宅是坐西向東起，東爿大門外是崁頂巷(崁頂路)，西爿thàng-kàu水溝隔界，北爿是頭前庄，南爿是日性、俊--è in內底kap阮兜水田。較早崁頂庄有公埕、茇宅仔、竹圍仔、榕仔跤、頭前庄、後壁厝kap咱兜幾个角頭地號名，咱兜chit內底，人攏講做「瓦厝底」抑是「門樓仔內底」。

Lah-jih ùi 1941出世到1968年28冬久攏tòa-tī崁頂庄，28歲冬尾娶某，隔轉年徙去Chhân-tiong街仔khiā家，爲著連絡兄弟叔孫感情，無kā公媽題去khiā家服祀，除了年節轉去拜公媽，平常時mā真捷轉去行踏，所以對祖家厝宅變化m̄-bat有chheⁿ-hūn感覺。下面咱tòh ùi正身公媽廳位置做「參考點」來詳細紹介1948年代ê記智：

頭起先紹介厝間部分，正身中間(tiong-keng)是公媽廳，倒爿3間模仔兄 ê，2間林仔姆ê，正爿5間二伯(光寬)ê，正身倒爿後壁3間林仔姆ê，koh後壁倒爿3間kap便所，是阿伯(光貴)ê；正爿護龍6間是阮ê(紹振)，護龍後有柴間仔2間，kap豬tiâu；倒爿護龍頭前廊豆油仔兄(添猷)2間、添發兄4間，下埕有2間畚間kap豬tiâu；後壁廊添福兄3間、球仔兄(添壽)3間，後壁護龍頭kap便所中間有2間豬tiâu。Chia-ê厝間攏是竹管厝(tek-kóng-chhù)，雙倒水，厝前厝後有gîm-chîⁿ(簷)，ē-tàng搭雞tiâu飼精牲仔kap园火柴疊草絪。厝頂蓋蔗箬仔抑是蓋稻草，壁堵糊塗，kan-na倒爿護龍有3間蓋瓦厝頂，下埕畚間是塗kat厝。每口灶灶跤有大灶，hiâⁿ柴hiâⁿ chháu-in(草絪)，桂竹食飯桌kap椅條；間仔(客廳)有總舖，ē使得睏，ē使得坐；房間(翁某房)是竹仔眠床kap簡單桌櫃鏡台，眠床邊khǹg尿桶屎桶。斯當時逐家生活艱苦，顧三頓飽都bē赴--à，hak身穿、傢俱、日常用品……，ē-tàng省tȯh省，簡單tȯh好。

紲--落去來看正身頭前面門口埕，分頂埕kap下埕。頂埕boeh曝粟仔、nê衫、囡仔chhit-thô，暗時nah-liâng、phò-tāu攏會使。下埕是囡仔拍球、tèng-kan-lȯk好所在，有火pû-á、糞埽堆，有較lah-sap。倒爿有畚間kap豬tiâu，阿伯in有飼牛，一間畚間koaiⁿ牛，一間畚間园作田ê牛犁耙kap一台塗礱(礱穀機是挨粟仔變糙米的機具)。正爿有搭菜瓜棚仔，菜瓜棚仔南爿是菜園仔(宅仔)，長株形，四圍種燈籃仔花做籬笆，講是菜園仔並無種菜，內面有1-kâi水池仔，1-kâi防空壕kap種一寡菝仔、柚仔……，也無整理，隨在伊拋荒，siâⁿ來厝邊隔壁ê囡仔來chia peh樹仔挽菝仔chhit-thô，澀kīⁿ-koāiⁿ tȯh開始挽，罕得揣著白霧ē甜--ê。

埕尾kap崁頂巷排水溝隔界種燈籃仔花做籬笆，門樓仔大門倒爿(北)有一欉柚仔kap 6,7欉菁仔，lò-lò-koân，菁仔若生，有哺pun-nn̂g--ē tȯh giȧh竹篙縛鐮鐝仔，割落來kauh檳梛，門樓仔正爿(南)有2欉柚仔kap 1模刺竹，he柚仔是斗柚，罕得有好收成，ē記得bat hām阿道兄偷挽1粒來食；菜園仔倚路邊hit爿，除了燈籃仔花籬笆，mā有2模刺竹。菜園仔kap阮護龍尾灶跤中間猶眞闊，用來疊草埒kap chhāi竹篙晾衫，厝邊隔壁ê囡仔時常ká-tī-chia chhit-thô，ī siàn牌仔、cho̍k窟仔、tiak珠仔ī 挽菜(ばんざい)、khian bâ-bui-chí [無患子核]。

閣來，紹介正身後壁，to̍h是後壁溝，tī公媽廳後壁有1-kâi鼓井，圓形--ē，米外闊，鼓井內用石頭gih--è，離土面1尺koân，khōng紅毛土，人徛tiàm頂面chhiū^{n}水，外圍用紅毛土khōng圓形鼓井盤，方便洗盪、chhiū^{n}水、洗衫……，khah-bē塗跤tâm-kô͘-kô͘，鼓井盤南爿邊--a有1-kâi長四角形水盤，ē-tàng貯水浸菜、洗番薯、thâi cheng-se^{n}-á，因爲有臭水管味，bē-tàng做食水；二伯in灶跤後壁、林仔姆in厝邊攏有豬tiâu、雞tiâu，chhun--ê所在欠整理有較òe-sòe；離正身大約6,7間厝遠to̍h是後壁溝仔，後壁溝仔koh去to̍h是阿伯、豆油仔兄ê菜園，菜園閣過是蓮霧園，10-goă-gōa欉白蓮霧，眞甜，蓮霧若開花，siâ^{n}來眞濟鳥仔、蜂仔、筍龜、糙米龜來吸蜜，mā siâ^{n}來囡仔peh起去蓮霧欉掠筍龜kap糙米龜，蓮霧若熟，大人割蓮霧，囡仔頭ta^{n}-ta^{n}聽候sîn蓮霧，割蓮霧用細支桂竹篙仔縛鐮鐁仔割，用刺竹篙仔縛網仔袋lom，若lom無好勢to̍h-ē lak落塗跤，啥人sîn--tio̍h，tio̍h啥人ê，有食閣好sńg；蓮霧園西爿to̍h是崁頂庄外圍淹田水溝。

講咱ê厝宅是「竹圍厝地」，厝地周圍有刺竹模是特色，東爿大門南爿面有3模；南爿kap日性、俊--è in-tau隔界有5模；西爿鼓井後水溝邊有4模，蓮霧園水溝邊有5模；北爿kap頭前庄隔界有7模；chia-ê數字是大約，竹模有ê相黏，有ê分開，kap隔壁內底攏有留巷路相透。刺竹不比麻竹，麻竹筍好食，麻竹葉ē使得縛粽，所以麻竹模較有管理，較清氣相，ah若刺竹模，to̍h隨在伊發，隨在伊puh筍仔，竹枝全刺了了，葉仔細細皮，lak-kah規塗跤，鵝仔鴨仔tiàm-hia放屎，查埔囡仔mā tiàm-hia放屎放尿，若boeh剉一支竹仔thang利用，著愛細膩，m̄-thang lo̍p-tio̍h「黃金」，chiah-bē臭ko^n-ko^n。刺竹長koh勇，是起竹管厝ê好材料，因爲thòa^n-kah cha̍t-thóng-thóng，boeh剉無3,4个人工拖bē-tín-tāng，因爲koân koh大模，對風颱應該有cha̍h風路用。

細漢足ài掠筍龜、糙米龜、牛角oai^{n}h來sńg，筍龜kah意歇tī菁仔叢，牛角oai^{n}h kah意苦苓仔樹，糙米龜kah意蓮霧花kap suh ke-jiû-á奶(雞榆)，阿伯ê蓮霧園kap菜園仔倚厝宅hit爿，有眞濟欉菁仔叢，菜園仔南爿kap阮田裡隔界有2欉足大欉ke-jiû-á，攏是阮掠筍龜、牛角oai^{n}h、糙米龜ê好所在，A-ba̍k、A-chiàng、Lah-jih kap厝邊A-pê^n、Ka-tēng--ē是仝班同學，時常相招掠leh sńg。糙米龜gâu飛，boeh掠著等伊頭lê-lê leh吸花蜜時用手連蓮霧花做伙me。牛角oai^{n}h行動較慢鈍，掠牛角oai^{n}h需要用竹篙縛有葉樹椏拐伊行入，chiah趕緊放落塗跤掠。筍龜(獨角仙)跤爪眞尖，khi̍p--tio̍h眞疼，著細膩，筍龜hèng吸ke-jiû-á奶[汁]，若歇tī較低所在，liam跤liam手用偷掠；若是透早，昨暝歇tiàm菁仔叢尾溜菁仔葉內ê筍龜，因爲凍露水較bē飛，菁仔葉koh金金滑滑，阮用跤出力踢抑是用手搖菁仔欉，「top」一聲，he筍龜滴落塗跤，隨時掠入手。筍龜公(kang)--ê khah gâu飛，提楊麻絲縛tiàm角，hui-hui--leh to̍h家己飛--起來，眞心適好sńg，母--ê較bái閣無gâu飛，較無愛掠，不過有時掠來kap公--ê sio-kàn mā眞心適，囡仔人m̄-bat代誌bē感覺歹勢，大漢chiah知，「原來to̍h是按呢--ò͘！」實在是眞自然ê性教育。

根據林添福先生編寫：中華民國七十九年歲次庚午台灣編修《書山蕭氏族譜》內容記載，田中鎮、社頭鄉一帶，古早是平埔番(平地化之山地同胞稱呼)阿里昆族的部落，所以有舊社、社頭、崁頂稱呼，崁頂是番社酋長之居住地(p.54)來看，假使若ē-tàng證明咱祖蕭朝宰m̄是「唐山過台灣，心肝結規丸」ê福建人，是眞正hō͘清朝皇帝「賜姓滿化」ê在地人平埔仔「阿里昆族/洪雅族(Hoanya)」，咱kā推論--一下，咱祖蕭朝宰無定著to̍h是斯當時ê「番王」[酋長]，咱看朝宰媽賴--氏2尺闊4尺koân ê墓牌kap「復興館大租」1冬收租粟大約有110石ê史實，上起碼ē-tàng證明朝宰公朝宰媽m̄是普通人，m̄-nā是好額人，mā是族親內ê gâu人，m̄-koh爲啥物朝宰媽ê墓牌無題「書山」堂號，題「皇清」，che究竟有啥物解bē開ê祕密？需要聽候發現有力ê證據來解說。總講一句，m̄管朝宰公朝宰媽是唐山過台灣，抑是在地平埔原住民，肇基祖朝宰公朝宰媽確定是咱ê祖先，開基傳到此當今300冬，絕對是咱兜蕭--家眞正ê歷史。

〔志榮公〕

祭　文

Lah-jih_20110306

今仔日2011年4月1日，咱人二月廿八，吉日良時，是崁頂蕭--家第四代先祖「志榮公、媽陳氏/潘氏」靈骨進塔「埔頭仔埔公墓聚賢堂」安靈的好日子。

第五代大房正頌公囝孫代表蕭輝雄、二房正煥公囝孫代表蕭興賢、三房正養公囝孫代表蕭順孝，佮蕭順強、蕭平治、蕭順華、林桂香、蕭興森、蕭天賜、蕭金豹、蕭輝虎、蕭興土、陳惠滿、蕭沙東、蕭隆賀……等等志榮公、媽陳氏/潘氏的眾囝孫，逐家會齊佇「埔頭仔埔公墓聚賢堂」，準備四時果子、三牲酒醴、紅圓、發粿、紅龜粿、清茶、菜飯、金銀、財庫等等，祭拜佇蕭--家第四代先祖，「志榮公、媽陳氏/潘氏」靈前：

蕭家先祖，創業艱難，歷盡滄桑，始建基業，
壹柒伍零，乾隆期間，咱祖朝宰，開基一代，
二代廷光，單傳輝騰，三代輝騰，孤囝志榮，
四代志榮，三房繼承，代代相傳，延續香煙。
大房正頌，遷田中央，二房三房，蹛佇崁頂，
大房二房，傳國字輩，三房正養，至十一代，
志榮囝孫，血脈牽連，代代生湠，人丁旺盛，
番薯落土，釘根旺欉，發揚家教，重振家聲。
祈求先祖，保庇囝孫，身體康健，家庭幸福，
聰明伶俐，認眞讀冊，跤踏實地，事業發展，
誠實爲人，敦親睦鄰，處世行善，處事公正，
顧守本份，發揚祖德，貢獻社會，萬世流芳。
敬請保佑　敬請鑒納

〔阿媽〕

阿　媽

Lah-jih_20120821

阿媽姓陳名甜，1876年(光緒2年/明治9年)12月12日生~1947年(昭和22年)8月20日(農曆7月5日/丁亥年戊申月辛未日)痚呴喘往生，陽壽72歲，農民曆忌日是7月5日。南投廳武東堡井仔頭庄(南投縣赤水)，陳古、陳謝氏字參女，陳瑞憲小妹。1892年(光緒18年/明治25年)6月20日[17歲]kap蕭慶鳳結婚。不識字。家庭管理。

根據頂面戶籍謄本資料，阿媽是清國人，1895年清日戰爭chiah換做日本人，Lah-jih是昭和16年出世，kap阿媽緣份chiah足足6年久niâ，薄薄記智中kan-na有阿媽過身搬舖(poaⁿ-phō͘) hit幕kap伊ê皮肉jiâu-jiâu瘦瘦ê形影，chhun--ê攏是聽--來-è，阿媽若boeh tī--lē，已經136歲。

古早人早嫁娶，阿媽17歲to̍h嫁來崁頂庄做蕭--家新婦，阿祖 正養公，字文生，生2个後生，大囝慶麟生3个後生，二囝慶鳳結婚後一直無生，chiah kā伊大兄ê第三囝紹振過房傳嗣，所以慶鳳媽陳阿甜pún-chiâⁿ著叫嬸婆，因爲阿爸thn̂g伊做囝，阮做伊ê孫當然tio̍h叫伊阿媽，慶麟媽陳氏選pún-chiâⁿ是阿媽，soah pìⁿ-chiâⁿ伯婆(姆婆)，不過阮猶是叫阿公、阿媽，若boeh稱呼時，chiah講公--ē ê阿公、阿媽，私--e ê阿公、阿媽做分別。

阿公加阿媽11歲，結婚時阿公28歲、阿媽 17歲，結婚29冬，阿公to̍h往生，hit年阿公57歲，阿媽46歲，阿媽tī 72歲因爲痚呴喘往生。

阿公過身hit年，阿爸20歲，大兄ta^{n}出世3個月，hit當時ê阿媽實在苦憐代，hó-ka-chài有giám-ngē ê新婦(ī--ā) tàu khî^{n}家，守寡26冬ê歲月，牽教阿爸、ī--ā顧守4分厝跤田，養飼6个孫大漢成人(chiâ^{n}-lâng)。斯當時阿公in二兄弟啥物時陣分開食，財產按怎處理，已經無了解，若照傳統應該是兩份分，bat聽二伯講：「阮老爸講，3个攏是我ê囝，ná-tio̍h分啥物大房二房，3份分to̍h好。」阿伯是忠厚老實人，相信伊講ê話，to̍h是按呢，阿爸ê田地厝宅chiah無比大伯、二伯in較濟，m̄知阿媽有怨嘆--bò，若看阿爸kap阮兄弟從來m̄-bat khe-khó計較過chit-ê問題，相信阿媽一定全款接收chit款決定，這是好樣，phah破傳統繼承例規，koh保持tâng-sāi-á和好。

聽講阿媽在生to̍h反對囡仔入學堂讀冊，伊講讀冊學貧惰，m̄-chiah 4个阿兄kan-na四兄有讀6年日本冊，Lah-jih是阿媽過身隔轉年chiah讀一年仔，無受阿媽觀念影響，算是較好運。另外二姊細漢to̍h分--人，mā是受傳統重男輕女所致，時勢做成(chò-chiâ^{n})，怨嘆阿媽mā m̄-tio̍h。

阿媽過身隔轉年，無意中tī眠床thian-pông頂夾枋發現一疊新chhak-chhak、無拗痕銀票，大約50張10箍ê舊台票，舊台票4萬換1箍，已經無價值，to̍h hō͘ Lah-jih提來拗飛行機

sńg chhit-thô。聽講大兄阿里山趁錢轉來，一定ē hō͘阿媽一半，chia ê錢可能是阿媽儉起來chhàng--è，朝代變遷，soah hō͘錢財piⁿ廢紙，損失無teh討。

阿媽過身搬舖hit幕，雖罔矇矇霧霧，m̄-koh永遠記tiâu內心bē落漆(lak-chhat)，俗語講：「生--ê囥一邊，養--ê恩情khah大天。」阿媽ê辛苦堅強持家，孫--ê永遠會記得，永遠ē siàu念你。阿媽！

後記：

慶麟媽陳氏選：1860年(咸豐10年/萬延1年)6月19日生～1930年(昭和5年)2月12日往生，陽壽70歲，縛跤。彰化廳武東堡內灣庄，陳坤山、張氏僀長女，陳紅大姊，1876年(光緒2年/明治9年)11月17日佮蕭慶麟結婚入籍。是田中鎮香山圍仔內人。生4個後生、4個查某囝。

阿公慶麟kap阿媽陳氏選平濟歲，阿公 陽壽48歲，阿媽陽壽70歲，阿媽守寡23冬，chhiâⁿ養8个囡仔，仝款辛苦艱難過日。

外公陳其諒kap阮tòa仝庄榕仔跤，30歲往生，外媽周甜28歲已經生3个後生2个查某囝，後來閣再招翁生1个查某囝，因爲後翁無受制被趕出，不得已kā 2个細漢查某囝分人做新婦仔，ī--ā陳坤to̍h是7歲分來蕭--家。外媽辛苦養飼4个囝大漢，仝款艱苦一世人，68歲過身。

無論山頂媽陳甜，圍仔內媽陳氏選，抑是榕仔跤媽周甜，攏是阿媽，恁ê孫永遠攏ē思念tī心肝內，永遠攏是阮ê阿媽。阿媽！

〔阿爸〕

阿爸ê鹿角薰吹

Siau Lah-jih 2016/03/11

阿爸有一支鹿角做ê薰吹。

He是阿兄tòa-tī阿里山teh做集材工仔ê時陣，ùi山內khioh著一支鹿仔lak--落來ê角所做ê薰吹。

阿爸足愛hit支薰吹，不時mā chah tiâu-tiâu，一--來ē-tàng pok薰，真好giàh，koh真好pok；二--來mā ē-tàng kā別人展講：「Che是阮後生ùi阿里山giàh--轉來ê！」

Chit時我khiā tī邊--á聽--著，我tō知影，阿爸又koh teh展in kiáⁿ真正有孝--à！「鹿角薰吹--neh！鹿仔角做--ê，lín敢有？」

Lóng已經過三十外冬，m̄-koh到今，每一pái若看著鹿仔ê角，tō會去想著阿爸giàh ê hit支薰吹。

Ē記得有一工，大概是下晡三、四點仔ê款，阿爸beh pok薰，chhōe無伊ê薰吹，到底phah-m̄-kiàn佗位去--neh？厝內底四界chhōe透透，lóng chhōe無。

「He tō奇--lò？敢ē khǹg-tiàm牛肚福--à in兜？」

「Jih--è！你去福--à in-hia chhōe看覓--leh！看有khǹg tiàm in桌頂--無！」

隨時兩步當做一步走，一目 nih，走到福--à in 兜：

「Góan 阿爸 ê 薰吹有 khǹg-tī chia-- 無？」

「Chhōe 看覓 --leh！振仔叔公 tú-chiah 有來 -- 過，無的確 khǹg tī 灶頭 hia！」

「無 --leh！」

「Ah 若無，koh chhōe 看有 tī 人客間仔 hia-- 無？」

「Mā 無！」

「按呢，我 tō m̄ 知 --ah！」

Chhōe kah 規身軀汗，lóng chhōe 無，只好走 -- 轉去：

「阿爸！Chhōe 無 --lah！」

「Hiah-nī 飯桶，kan-taⁿ 一支薰吹都 chhōe 無？閣去 Làu 肚西 --á in 店仔 chhōe 看有 -- 無！我頭 tú-á 有去 hia 坐一時仔，無定著 lak tī-hia？」

Koh chhōe 規半晡，iáu 是 chhōe 無，驚人罵，走 phēng 緊 --è！大粒汗細粒汗一直流，拚勢走轉去阿爸 ê 面頭前：

「阿爸！Mā 是 chhōe 無！」

「He！He tō 奇 --lò͘！」阿爸一爿急，一爿用手 kho̍k-kho̍k 比，「Ná-ē chhōe 無？Na-ē chhōe 無？」

叔伯兄哥爐 --ē 目睭金：「阿叔！你手 --nih gia̍h--ê hit 支是 siaⁿh？」

「Aih！hio͘h！Gia̍h tiàm 手 --nih 講 chhōe 規晡 --lah！」

Chit 時陣，逐家 ta̍k-ê lóng 笑 kah khi̍h-khi̍h 叫！阿爸 mā 一面笑，一面點番仔火，大大喙 suh 一下，煙對鼻空霧 -- 出來！眞正爽快。

Chit時，我ê心內mā感覺chiâ^{n}歡喜，頭tú仔hia ê艱苦kah跤痠，就按呢bē記得--à！

〔阿爸〕

挨弦仔

Lah-jih_20130113

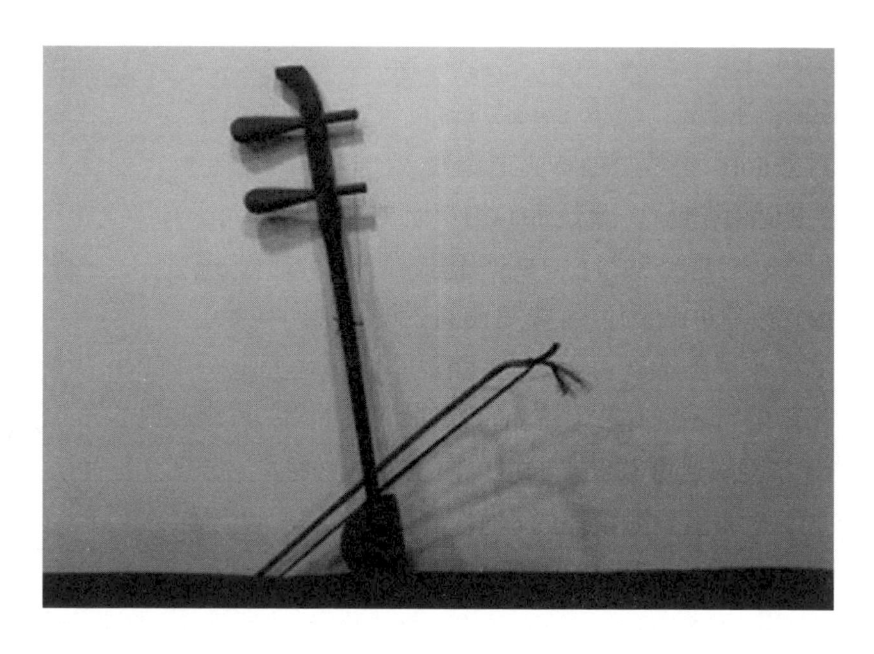

「六六凡-／六六凡-／㐅工上合／㐅---／六六凡-／六六凡-／㐅工上合／㐅---／」

阿爸又leh挨hit條六六凡-／六六凡-／㐅工上合／㐅---／ê曲調，m̄-nā挨了好聽，閣挨kah會loah-chái^{n}、會跳弓，輕快活跳ná舞曲，不止仔有表演天份，伊愈挨愈soah-phah，愈挨愈心適，雖然阿爸知影he m̄是挨beh hō͘人跳舞--ê，m̄-koh伊soah家己挨，家己ná leh hàiⁿ頭搖身軀。

「振仔叔公，你m̄是ē-hiáu挨〈一支香仔〉(it-ki-hiang-á)，hit條曲眞好聽，你挨hō͘阮聽好--無！」木聰--ê在來to̍h-sī好頭喙閣興講話，伊按呢kā阮pâ鋪排。

「一支香仔，會--nò͘！He m̄較簡單，雖然講簡單，m̄-koh mā是無簡單？」

「雖然講簡單，m̄-koh mā是無簡單？振仔叔公！你講he阮聽無？到底是簡單抑是無簡單？」

「講簡單，是有影眞簡單，我先唸譜hō͘恁聽看覓，恁to̍h知影chiâⁿ簡單：

士上合乙／士-／合士合工／㐅-／六工㐅／㐅六工六／㐅-／上工㐅上／合士合／工六／㐅六工㐅／上乙／士合工合／士乙㐅／士-／

(6157／6-／5653／2-／532／2535／2-／1321／565／35／2532／17／6535／672／6-／)

按呢ê譜唸起來有簡單--無，不過若講beh kā挨kah hō͘伊會牽絲會軟lio̍h，to̍h無簡單--lò͘，譜愈簡單愈歹挨，挨了無好，to̍h m̄-thang笑！」

「振仔叔公！按呢講阮soah愈聽愈花，譜愈簡單愈歹挨？Siuⁿ深--lah，ná鴨仔聽雷--leh！」

「Ah無beh按怎講？He我也bē曉解說，mài閣問，挨hō͘恁聽to̍h知影！」

人一下 o-ló，阿爸絃仔又閣 giah 起來，開始挨 hit 條「一支香仔」。士上合乙／士-／合士合工／ㄨ-……

阿爸 taⁿ-á 挨 soah，拄好順亮 --ā 來到位：

「振仔叔！挨了足進步 --ê-ō！」

「ā soah 有？挨一下慢，soah giōng-beh 走音去，猶是挨較緊 --leh 較 bē 漏氣。」

「Che 是慢吹板，m̄ 是緊吹板，tú-chiah 振仔叔按呢挨是正確 --ê，挨了 mā 進步眞濟。」

「Eh！順亮仔叔，振仔叔公講，譜愈簡單愈歹挨，敢有影？是 m̄ 是講慢吹板比緊吹板較歹挨？」木聰 --ê 雖罔厚話，猶是有伊巧氣 ê 所在。

「著！著！著！因爲慢吹板 ê 曲較慢，音若挨走精去，抑是板撩挨無準，隨時 to̍h 聽 ē 出 -- 來，隨時 to̍h-ē 去 hō͘ 人掠包。」

「啥物是慢吹板？」M̄-nā 木聰 --ê 厚話 --niâ，來阮人客間仔承話鬚 ê 囡仔伴，逐家攏 chhiâⁿ kia̍p 喙、chiâⁿ-gâu 問話，逐項代誌都 beh 問 kah 一支柄 thang giah。

「Pûn 鼓吹 ê 人講做慢吹板、緊吹板，to̍h 是恁學校老師講 ê 慢板、快板 --lah，tú-chiah 振仔叔挨 ê chit 條一支香仔 to̍h 是慢吹板。」師傅 to̍h 是師傅，順亮仔兄是阮庄裡集雲軒 ê 頭手師，吹、絃、鑼、鼓逐項會，伊 ê 解說，伊 ê 開破，阿爸是聽 kah 注神注神。

阿爸 ê 人 hèng 展閣 gâu 客氣，che to̍h 是伊人樂暢 ê 所在，40 thóng 歲，阿母 to̍h 來過身，soah 來〝半路折 pìn-taⁿ〞，阿爸

堅心無閣娶，甘願守孤單，是驚做一tīn囝會hō͘後母苦毒。Hit年我chit-ê屘仔kiáⁿ chiah滿4歲--niâ，是好佳哉一tīn囝猶算眞乖巧，大漢--ê會曉tàu khîⁿ家，少年家仔會曉tàu chhōa細--ê，chiah bē hō͘細漢--ê tiàm塗跤兜四界爬。別人看阮一家有影苦憐代，m̄-kú阿爸伊從來to̍h m̄-bat哀哀嚨嚨過。

阿爸除了田裡作穡以外，to̍h是厝邊隔壁罔行踏，一雙跤ná掃梳--leh，掃過來、掃過去，m̄是tī福--à in兜phò-tāu，to̍h是tiàm lāu肚西--a ê店仔頭話仙，一工se̍h beh五、六遍，人攏嘛keng-thé伊是掃梳跤，雖然過家範圍無闊，有代誌beh chhōe伊ê人，有tang時仔koh-tio̍h chhōe幾若choā。伊上趣味ê娛樂to̍h是挨殼仔弦，每日暗頓若食飽，阮chit間人客間仔to̍h是厝邊隔壁ê集會所，做田兄議論參詳田裡穡頭ê會議室，明仔載beh挲chiâ-ê草，後--日beh割siáng-ê稻仔，攏是tī chit間間仔做決定。

每日beh暗仔，〝日頭落海，鬼仔出來放屎〞ê時陣，代先來報到ê是少年囡仔thûn kap幾个仔pīn-tōaⁿ讀冊ê囡仔伴，A-pêⁿ--lah、Ka-ióng--ê-lah，siōng-gâu拍kan-lo̍k ê A-hiông--lah，in攏mā拚第一。我是m̄敢kap人參leh問東問西，因爲冊tio̍h讀，插喙koh驚人罵，m̄-chiah家己一人恬恬坐tiàm眠床道，覆tiàm hit隻也beh囥茶鼓茶甌，也beh囥電土火，也beh hō͘囡仔坐ê桌仔寫宿題，頭，是m̄敢傷捷taⁿ，目睭ná看冊，字是認眞寫，耳仔mā拚勢聽人leh講話，希望承一寡趣味ê話鬚，抑是有好空ê NEWS。

順亮--ā講soah，Chùn--ê已經入門，阿爸將絃仔tu hō͘伊，伊to̍h絃仔線絞絞--leh，合メ、合メ(sò͘.le.sò͘.le.)調音調好勢，to̍h續落去挨「百家春」(pek-ke-chhun)：工六メ工／上---／上工メ上／士---／士合工合／士-メ工／上-士上／合-工メ／合ii。Che是南管曲，應該mā是慢吹館，hō͘ Chùn--ê挨kah會牽絲，kap阿爸挨--ê無仝款滋味。

Chùn--ê tòa阮後壁溝，伊加阿爸二歲，減我一輩，所以我攏tòe阿爸叫伊Chùn--ê，攏是親堂，論輩無論歲，m̄是囡仔人無大無細。Chùn--ê ê功夫比阿爸較讚，會曉用大管絃kap人挨反館[二部合聲]，chit步阿爸to̍h較輸，sian學都學bē曉，莫怪阿爸tī伊ê面前甘敗下風，Chùn--ê「百家春」挨煞，殼仔絃交hō͘阿爸，換去gia̍h壁頂hit支大管絃，叫阿爸鬧挨「一支香仔」，伊beh挨反館kap阿爸和，「士上合乙／士-／合士合工／メ-……」一懸一低，有影加真好聽，挨soah逐ê拍pho̍k-á o-ló，in to̍h無鬧挨，講beh ha一杯仔茶，pok一支仔薰，絃仔tâ^{n}掛--落去，A-pê^{n}隨時to̍h kā sa起來leh ō͘^{n}-i^{n} ō͘^{n}-i^{n}……

「A-pê^{n}！Mài挨--lah！Ná leh鋸死羊仔--leh，聽著ē起雞母皮--lio̍h。」

Bē曉挨to̍h mài挨，ká-ná tiàm-hia ō͘^{n}-i^{n} ō͘^{n}-i^{n}，你敢聽有花字，人是leh和絃仔線，公母線tio̍h合「hō͘、chhe，hō͘、chhe、」按呢，m̄是像你按呢「硬爭、ngē-chi^{n}」，「bē曉挨弦仔，顧捲線；bē曉pûn吹，顧pûn-nōa。」To̍h是你A-pê^{n}。

「我敢有leh pûn鼓吹--hioh！」A-pê^{n} ê人有較頇顢、有較條直，講著話攏sa bē著總頭。

「ò！若閣hō你pûn鼓吹，m̄著逐家耳空窒窒--起來，mài講話--lah？」

Tng-tong囡仔伴leh消遣A-pêⁿ「bē曉挨弦仔，顧捲線」ê時陣，阿爸看人馬已經齊到，開始beh會作穡人ê khang-khòe，to̍h交代阮chiah-ê囡仔兄暫時歇睏mài sńg：「〝囡仔閃開，大人beh展威〞，好--à，mài sio-chèⁿ--à，換大人ê齣頭，chit-mái起，大人beh會議，恁m̄-thang講話。」

割稻仔班ê班頭O͘--ê講：「早冬粟仔攏曝好勢，慢冬秧仔mā佈了離，頭遍草敢猶有人未挲--ê？」

「今仔日挲阮ê，逐家to̍h講攏挲了--à，thèng-hó歇睏--二-工-à。」Tiâu-bo̍k--ê按呢應聲。

時間已經beh 8點，囡仔班hō大人趕轉去睏，kan-na chhun我一個猶覆tī桌仔頂leh寫字，阿爸叫我先去睏，盈暗beh煮點心，若煮熟chiah叫我起來食，我kā阿爸講，明仔載是禮拜日，我盈暗beh kā習題寫hō了chiah去睏，其實我是leh等beh食點心，驚做睏若ka-chōe叫bē精神，to̍h眞拍損。

「按呢咱盈暗來hōng(哄)點心，逐家ē使chit坐較暗--leh！」阿爸建議案siōng-kài讚，逐家攏應好，隨時拍派人去福--à in店仔買大麵、khiàn芳ê蝦pi-á、蔥頭，sūn-soah tah兩罐太白仔(酒)，阿爸hèng sip，燒酒一定bē漏交--去，伊閣hiàm四兄去大路古井仔邊遐揢一把韭菜，隔壁Jí-lâm--ê割ê韭菜攏浸tī古井邊ê溝仔內，準備明仔載透早beh賣，人已經去睏，無愛kā伊吵，先kā揢來煮，天光chiah kap伊算錢to̍h好，庄跤所在，攏是家己人，互相攏眞靠俗。材料款齊備，二兄tȯh去吩咐二嫂落灶跤煮點心，逐家繼續phò-tāu，繼續挨絃仔。

一送梁哥beh起身，千言萬語說未盡，保重身体較要緊，m̄-thang爲我費心神；

三伯被送面帶紅，聽妹言語掛吊人，我ta^{n} beh轉免你送，勞動小妹你ê工。

二送梁哥淚哀哀，吩咐tì時哥慢來，天壽馬俊來所害，chiah著kah哥分東西；

三伯聽著tȯh應伊，小妹無情共無義，杭州kah我約日子，chāi-thang講我來khah遲。

Jî-tong--ê歌喉確實讚，伊是集雲軒ê小旦兼拍thái^{n}鑼仔，Chùn--ê挨大管絃，阿爸tòe順亮--ê挨殼仔絃，有歌聲，有伴奏，等一下閣有點心thang sut，逐家精神飽tī^{n}，作穡人上樂暢tȯh是chit-ê時陣。

阿明建議阿Làm轉去giȧh吹來pûn，一定koh-khah鬧熱，阿Làm hat伊講：

「無leh痟--kong，抑m̄是啥物年節，beh kā人吵hō͘ bē睏得是--無？」

講著pûn吹，阮chit角勢阿Làm ē使chit講排第一，bat hō͘人刊報紙o-ló過，古早時代有乞食胚，講伊pûn鼓吹pûn kah軟liȯh像甜粿，阿Làm ê功夫可能mā差m̄成物，可惜吹聲眞大，無適合chit-chūn表演。

阿明mā是一个條直少年囡仔phoe，一支喙ná布袋喙，無nâ無chhah，想--著tio̍h講，也m̄驚ē得失人：

「順亮仔兄，你kap阿Làm叔--à，siâng較厲害？」

「厲害啥？」

「挨弦仔kap pûn鼓吹，chiâ ê功夫較khiàng？」

「Che beh按怎比，阿Làm叔是較慣練pûn吹，我較愛挨弦仔，其實絃、吹、鼓、品，阮攏有學，只要是後場，攏mā著bat--三五步à，絃、吹是oh得比phēng。」

「恁順亮仔兄較厲害--lah，〝月品、年吹、萬世絃〞，你敢m̄-bat聽人講，挨弦仔kah簡單？」阿Làm叔有較無愛hō͘人比phēng，有淡薄仔無歡喜。

「點心來--lò͘！」燒燙燙ê大麵kiⁿ已經捧到人客間仔，我趕緊kā簿仔鉛筆收收起來，thang hō͘二嫂囥鍋仔kap碗箸，逐家話仙sio-chèⁿ暫時放bē記，喙，準備beh食麵。鹼麵煮韭菜，hō͘做大麵kiⁿ，lām一寡仔肉幼仔，摻一屑仔蝦pi，按呢作穡ê田庄兄哥tio̍h食kah暢入脾，食飽肚重，明仔載m̄免落工，隨ê歡喜轉去眠夢，知足、樂天，作穡人上bē貪。

是認命抑是運命，作穡人ê命，實在有影khǹg-tiàm一個茫茫渺渺ê不定數，「未來、未來」，未知數ê將來，因為阿爸ê自尊心siuⁿ-kòe重，bē堪得人嫌，soah學挨弦仔學kah無出師，好佳哉是阿爸無出師，若無，今仔日ê我，有可能是庄裡集雲軒挨弦仔ê頭kioh-sai。

讀國校四年級hit年，集雲軒ê師傅講beh閣招幾个仔師仔，挨弦仔--ê，唱曲--ê攏好，有人鼓催阿爸送我去學，阿爸看我平常時仔比別個囡仔挨較有花字，to͘h決定beh送我去拜師，我kā阿爸講無愛學曲，我beh認眞讀冊bat字較要緊，好佳哉阿爸有聽我ê話，to͘h無勉強一定著去學。後--來chiah知，阿爸學曲挨殼仔絃，bē堪得人嫌，師傅若kā掠siuⁿ-chē缺點，伊to͘h會無歡喜，對hit-ê金龍師--ê無好印象，m̄-chiah無hiah呢tì-tiōng送我去曲館學絃仔ê代誌，「跋一倒，拾著一隻金雞母」，好佳哉無去學曲挨絃仔，若無，今仔日ê我，有可能是衰微曲館班ê作田人。

〔阿爸〕

阿爸做忌

Lah-jih_20050824

(20121009羅漢體改寫)

46年前ê今仔日是咱人7月20，是Jih--è一生感覺siōng-kài悲慘ê日子，阿爸tī chit工來過身，tī八七水災後大約半月日。

1958年考tiâu台中師範學校，因爲貪著讀冊免錢，出業閣有便便ê頭路，阿爸tȯh決定叫Jih--è m̄免閣去考啥物工業學校，mā chiông按呢注定一生奉獻國民教育到退休。

進入師範學校了後，因爲肺部有koh-iūⁿ，不得已申請休學，tòe大兄入去阿里山林場ê楠仔仙溪靜養，阿爸ê意思是講內山天氣較涼冷，空氣較好，食khah-ē落--去，對身體健康ê恢復khah有幫贊。

經過boeh半冬ê山中生活，身體恢復健康，tȯh準備回鄉thang-koh繼續讀冊。

回鄉路途有夠遠，ùi楠仔仙溪到東埔12Km自動車路，東埔到阿里山18Km鐵枝仔路，阿里山到嘉義是70Km登山鐵枝路，嘉義到田中55Km大線火車。因爲做風颱，損斷眞嚴重，崩山塗石流ê結果，致使kui條阿里山線鐵路完全

bē通，boeh落山到嘉義，kan-na chhun步輦無別步，hit tang-chūn已經19歲，揹1-kha行李箱tòe人後壁，一路拖著好奇兼不得已ê跤步，第一工行到阿里山歇暗，天光日chiah-koh ùi阿里山落山，有時行鐵枝路，有時行旱路，hāⁿ過3,4層樓深ê柴枋橋，nǹg過烏烏暗暗ê磅空，短--ê幾十公尺，長--ê千外米，眞正有影3,5分鐘1板橋，8,9分鐘1-kâi磅空，行kah是跤酸肩疼，爲著回鄉boeh看半冬無看著ê老爸，爲著boeh趕轉去學校讀冊，雖罔路邊景緻bē-bái，m̄-nā m̄-káⁿ iânchhiân，mā無心情欣賞，一路行來到竹崎地頭，chiah chhah-tio̍h一台大台iân-jín三輪車，逐家kheh-kheh做伙坐到嘉義，落車才知跤骨已經thèⁿ腿。

轉到厝內，發現阿爸倒tī眠床頂leh歇睏，是因為破病無精神倒tī眠床靜養。阿爸pún-chiâⁿ身體tō無爽快眞久--à，長期ê khuh-khuh嗽一直攏無較好，chit遍ê病症有較嚴重，koh tn̄g-tio̍h許厝寮三姑in-tau tī八七水災死5个人，hō阿爸心情bē輕鬆，he艱苦ê心鬱tiàm心肝內，soah hō病症愈來愈嚴重，不時to-ē khak血，he是肺癆傷所致，hō醫生看，注射、食藥仔mā無khah-choa̍h。

7月20 hit早起，阿爸叫Jih--è去街路(田中街仔)鴻恩病院提藥仔，厝--裡無鐵馬，用步輦--è行路行到病院需要半點鐘，tī病院聽候提藥時，雄雄心肝ìⁿ-á tiuh一下，非常疼，chiah 1秒久，隨時tō過，並無感覺艱苦，mā無掛意khǹg-tiàm心內，提著藥包隨時趕路，行轉來到Chheng-chúi--è in田頭濁水窟仔所在(he是崁頂庄ê門喙)，tn̄g-tio̍h順良--ē踏鐵馬tī對面來：「Lah-jih--è，藥仔tàn掉--lah，lín阿爸振仔叔公已經搬舖tī大廳。」一時間soah gāng-gāng bē講話，趕緊行田岸路ùi後壁門仔行到大廳前，二姆緊叫Lah-jih跪落去，ài用爬--ē，lín阿爸tī廳--nih。

雙跤跪落地，開始爬，chhi̍t-chūn心酸、m̄-kam，嚨喉管tīⁿ，吼聲大哭：「阿叔--ō！阿叔--ō！」

「M̄是哭阿叔--lah，著哭娘pē kap娘嬭！」聽著二姆leh喝聲。

「Niû-pē--ō！ Niû-lé--ō！.....................」哭kah目屎sì-lâm-sûi，哭kah失主裁悽慘代，無pē無母ê囝兒，「Niû-pē--ō！Niû-lé--ō！.....................」

阿爸睏tiàm廳內倒爿草蓆頂，目睭mi-mi，喙ha̍p-ha̍p，ná像睏--去仝一樣，m̄-koh身軀頂面蓋1領白被單，「阿爸死--去à-lah！阿爸死--去à-lah！」按怎kā叫mā bē應話，「Niû-pē--ō！ Niû-lé--ō！.....................」目屎流目屎滴，m̄知thang停止。

阿爸過身hit年，Lah-jih 19歲，離Ī--ā往生差14冬，chit 14冬無老母ê照顧，攏是阿爸持家kā厝內hōaⁿ kah好勢好勢，閣有4个阿兄kā Lah-jih牽教，4位阿嫂kā Lah-jih疼，食穿無問題，洗盪清氣相，hō͘ Lah-jih得人疼，kap人有比並，thang hō͘ Lah-jih讀冊讀到師範學校出業做老師，從來m̄-bat khe-khó計較……

阿爸！46冬經過，你ê囝兒新婦mā老--ā，大兄、二兄、三兄已經過身，無tī身邊，你ê細囝Jih--è徛tī公媽靈前，雖罔無開喙kap你講話，m̄-koh 3支清香擛tī手kā你拜ê時，阿爸一定知影，一定有聽見囝兒心內ê話，Jih--è一定ē傳你好ê教示，誠實對人好，bē做違背良心ê代誌，mā-ē用按呢ê想法教示你ê孫kap干仔孫輩，用Jih--è ê好樣做示範。

〔阿母〕

Ī--ā ê DNA

Lah-jih_20100323

Ī--ā tī 我4歲koh 2個月時tiō過身，所以對Ī--ā ê身影一屑á都無記智，少年時代也bē-hiáu詳細探問Ī--ā在生ê形象生張抑是做人態度，阿爸、阿兄mā罕得講Ī--ā ê故事hō͘我聽，koh無留kah半張相片，m̄-chiah到此當今對Ī--ā ê印象kan-na有「人躼躼，眞有量，歡喜kā人tàu跤手，月內中感--著來過身」niâ。

是最近爲著整理房á內族親ê族譜，去戶政事務所申請戶籍謄本，ùi日本時代chhéng到現此時，mā拜託Ī--ā後頭叔伯表小弟申請1份做參考。1895年日本佔領台灣，隔轉年開始戶口調查，到1906年開始本籍登記，記錄眞詳細，出生年月日、死亡年月日、住址、族別、妻妾、職業、縛跤……等等；分--ê、養--ê，娶啥人ê查某囝、嫁去tó位、啥物日子結婚……，lóng記kah清清楚楚，是瞭解祖先上讚ê資料。

看戶籍謄本才了解，Ī--ā一生歹命，出世人厝仔查某囝，頂有3个大兄1个大姊，出世才2歲，老爸tiō過身，外媽守寡2年後koh招翁配婿，後叔食鴉片無責任，tiō hō͘外媽趕出門，守寡ê外媽beh khîⁿ 5个囝，實在艱苦代，ko͘-put-jî-chiong kā Ī--ā 分(pun)hō͘ 蕭--家做新婦á，hit年Ī--ā才7歲，分--人ê囡仔khiap性命，知食知做tiō無tī-tāi，按怎過日我是無了解，等到18歲hit年tiō kap阿爸sak做堆(結房)。斯當時是阿媽leh hōaⁿ家，阿爸計畫khang-khòe m̄是kài gâu，一切聽阿媽發落，hó-ka-chài Ī--ā有量、kut-la̍t，kap阿爸koh是仝庄人，才無hō͘阿媽苦毒。Ī--ā kap阿爸結婚了後，隔轉年tiō生大兄，然後2年1个，5年2个，總共生6个後生3个查某囡，tī beh生上細漢查某囝進前，因爲破病染著ban-á-lí-á(瘧疾)，soah tī月內中kap細漢小妹相chhōa走，hit年，Ī--ā 42歲，我5歲。

爲著beh koh-khah瞭解阿爸、阿公、阿祖年代ê眞實歷史，taⁿ，kap我kāng-iân--ê mā chiah chhun 6个，siōng-chē歲ê Chiu-á兄加我11歲，知影ê故事眞濟，頂禮拜專工去chhōe伊hap-sian phò-tāu，開講點外鐘久，伊o-ló小弟gâu，bat代誌bē誇口，有量koh惜情，kap Ī--ā仝一樣。

「Chiu-á兄，應該較sêng阮老爸chiah-tio̍h。」

「你ê體型有影sêng阿叔，m̄-koh你ê性素kài-sêng阿嬸。」

「按怎講？」

「Lín阿爸、Ī--ā，我lóng叫伊阿叔！阿嬸！」

「阿嬸tī-leh時，我已經10 thóng歲，咱是大內底，人濟話tō濟，較早ê人khah gâu相罵冤家，尤其是阿姆、阿嬸、阿嫂、細姑，lóng mā會罵來罵去、tak來tak去，單單阿嬸bē kap人冤家，mā bē to-toan生話。」

「Che我lóng m̄-bat聽過！」

「Iáu-ū hit-chūn阿嬸hō͘一个阿姆欺負kah足thiám--ê，伊

mā bē計較。」

「人問伊講你ná m̄ kap伊計較，kā伊罵倒轉去。」

「阿嬸soah án-ni講：人我也bē-hiáu kap人按怎冤家--à！Beh罵hō͘伊罵，beh詈hō͘伊詈，也bē按怎--ā！」

「Chiu-á兄，有影án-ni--hioh！」

「當然mā有影，hit-chūn我10外歲，已經眞bat代誌--à。」

原來Ī--ā tiō是chiah-nì慈悲有量，敢會是新婦á命造成？看叔伯表小弟整理ê陳--家家譜，外祖(tiō是Ī--ā ê阿公)是平埔族，來hō͘蕭--家(kap阮蕭--家是幾若代前ê宗親)死翁ê寡婦招--ê，平埔族ê DNA傳(thn̂g)hō͘ Ī--ā，Ī--ā chiah-koh thn̂g hō͘阮兄弟姊妹，莫怪阮一家人lóng古意、條直，bē kap人póe-hōe oan-ke-lô-chè。會記得我細漢時，tiō kap人眞好tàu-tīn，m̄-bat罵--人，bē-hiáu kap人冤家，有一pái不得已hō͘同學迫kah著冤家sio-phah，結果我kā同學jih-tiàm塗跤兜，足久足久m̄敢kā phah--落去，歸尾我kā伊求和mài koh冤家，伊猶原m̄肯，soah提石頭khian--我。Iáu-koh有一pái，叔伯阿兄ê後生chhōe我麻煩，伊soah罵我「kàn-lín-niâ」，害我m̄知beh按怎kā伊罵--轉去。大漢出社會，做43年老師，mā bat kā人補習過，tiō是m̄敢誤人子弟，hit種灌水、造假ê khong-khám步數從來m̄敢做，甘願hō͘人嫌，mā m̄肯違背良心。

Chiu-á兄o-ló我：「gâu，bat代誌bē誇口，有量koh惜情，kap Ī--ā仝一樣。」其實阿兄阿姊mā lóng kap Ī--ā仝款，有量koh惜情bē誇口，可惜阿兄in無讀過冊，免不了kap人交陪講話會較土直。是阿兄栽培我加讀一寡冊，較bat一寡做人ê

表面道理，m̄-chiah ē hō͘ Chiu-á 兄 o-ló。

Ī--ā kap 我緣份淺，俗緣 4 冬外，但是 hō͘ 我 ê DNA 影響我一世人，巧氣、樂觀、惜情、慈悲，lóng-sī 優良 DNA。感謝 Ī--ā hō͘ 我一粒善良 ê 心，bē kap 人計較，bē kap 人冤家，甘願付出 hō͘ 社會，hō͘ 我真正得著快樂人生，歡歡喜喜過日。Ī--ā！感謝 --你！感謝你 ê DNA。

〔阿母〕

今仔日 ī--ā 做忌

Lah-jih_20150619

1945，咱人五月初四，五日節前一工，ī--ā 因爲著マラリヤ[瘧疾]來過身，tī B-29 pȯk-kek 掃射中，連 ín-chhōa 西方極樂世界 ê 做司公功德 mā 潦草無收 soah。

每擺想著 ī--ā chiah-nī 歹命，心肝 tȯh-ē 悶悶仔疼，目睭 tiȯh-koh tâm 幾若擺。

今仔日是 ī--ā 往生 70 冬 ê 忌日，除了轉去大廳拜拜，koh kā 較早思念 ī--ā ê 2 篇文看一擺，ná 看心肝 ná 酸，ná 看目屎 ná 澹目墘，看 soah 目睭已經 m̄ 知澹幾擺。

〔大兄〕

大　兄

Lah-jih_20010422

大兄過身已經4,5冬，到taⁿ若想著大兄，to̍h感覺心悶、m̄-kam kap無限siàu念。

因爲家庭散赤，大兄10外歲仔to̍h去山頂kā人做長工，作穡牽牛車，khang-khòe粗澀，koh-tio̍h透早無閒到暗，對一个10外歲囡仔來講，過chit-khoán日子，實在是bô-siáⁿ-sì，boeh哭無目屎。大兄講hit-tang-sî ê南投附近，井仔頭(赤水)、湳仔(名間)chit箍圍仔，大條路細條巷攏有伊ê跤跡，無講無了解，講了大兄soah目箍紅。

18歲hit年，是大兄人生大改變ê一年，山頂(井仔頭)舅公看伊kā人做長工無了時，to̍h紹介伊去松蘿山(阿里山)做集材工仔，看ē-tàng加趁一寡錢、加減學chē功夫--bò͘？自按呢ùi日本時代做到降服，ùi降服做到不得已退休；ùi公家ê林場技術員(乙技)做到生理人ê工頭，4,5十冬ê青春，攏浸tī山場，爲生活、爲三頓飽，m̄敢siàu想啥物叫做前途？啥物叫做未來？趁食人，除了望天公tàu保庇，逐日攏好天m̄-thang落雨，mā-tio̍h看頂司、頭家ê目色。Hó-ka-chài，大兄眞目色巧(ba̍k-sek-khá)，功夫學了眞贊，chiah有法度iā-boeh飼某囝，iā-boeh寄錢轉去hō͘阿爸，庄裡ê兄弟叔孫lóng-mā o-ló振仔叔公實在眞好命，有hiah-nī gâu趁錢koh有孝ê後生，其實in boeh-thài ē了解nn̍g山場ê鹹酸苦澀？

早前做人長工是望「落雨」趁歇睏，山場做工人卻是上驚tn̄g-tio̍h「落雨」，雨水若厚，3做4歇睏，做bē過工，hit個月to̍h無法度寄錢轉去厝內。Tn̄g-tio̍h風颱天做大水閣較淒慘，崩山土石流，山路、鐵枝路害了了，交通斷節，khang-khòe bē做--得，三頓chia̍h-si̍t(食食)照常著開銷，m̄-nā做bē過工，koh-tio̍h thap福食費。規氣來去轉，boeh轉路頭hiah-nī遠，閣講轉去kám to̍h有khang-khòe thang好做，姑不而終冏等冏聽候，一等半月日、kui個月，嚴重時3,4個月mā-tio̍h等，看天生活ê趁食人眞正bô-ta-ôa，鬱卒心情只有忍耐、忍耐、忍耐……，抑無敢有啥物變步(piàn-pō͘)？人講「時到時擔當，無米chiah來煮番薯箍湯」，青菜工寮前後家己有種一寡，魚肉油臊只好福利社先賒欠，人講「寅食卯糧」to̍h是按呢度日。

大概是chéng-tio̍h阿爸ê個性，忠厚bē-hiáu kap人計較ê大兄，tn̄g-tio̍h phái ^{n} 時機，伊是恨命莫怨天，認定天做代m̄是人kā咱害，lún--leh to̍h過；若是tn̄g-tio̍h好空ê工事，人ē-hiáu偷食步用詭計(kuí-kè)，大兄是直來直去按照理路行，hó-ka-chài「天公疼戇人」，有人欣賞伊ê古意堅持，m̄-chiah牽成伊做到ku-lí頭，chhōa 1-tīn kap伊仝運命ê做工仔人saⁿ-kap趁食。平常時看伊nōa性nōa性，無性無地，內心卻是仁慈無tè比，發落khang-khòe mā是眞有計畫性，啥人做啥物空課，啥物人ē-tàng趁上工工資，啥物人hōaⁿ機器(ke-khì)上謹愼，啥物人gâu peh樹，啥物人kut-la̍t，啥物人較貧惰，伊攏掌握kah一清二楚，分派khang-khòe罕得有人稽考不滿，m̄-chiah工作順利，柴箍堆積kui大堆，隨時ē赴人thia̍p車載出嘉義，這是阿里山林場做ku-lí頭時期ê艱苦趁食，總--是都也飼某chhiâⁿ囝，koh ē-tàng寄錢hō͘阿爸相添。

大約是1963年，阿里山林場開始開放林班標售民營，大兄ùi阿里山林場ê乙技pìⁿ-chiâⁿ木材行頭家ê薪勞做現場工頭，陪頭家勘察林班，たび穿--leh，khiā-hang tān--leh，頭戴匏桸帽，tī半原始森林內，盤過山嶺，peh懸落低(peh-koân lo̍h-kē)，khàng-chiūⁿ崩壁，nǹg過雜草，潦過坑溝，實地做每木調查，估計木材數量，判斷剉柴運搬路草，施工困難程度等等……然後chiah決定標售價數，標--著了後to̍h開始發落剉柴集材工事，chia算是伊本行，仝款tī阿里山線行踏出入，極內行，木材行頭家眞看重伊ê才能，信賴伊ê做人，合作幾若年，配合不止仔bā，大兄tiāⁿ-tiāⁿ o-ló頭家是「人格者」，非常敬重頭家，講實在--ê，tī小弟心目中，大兄chiah-sī一位眞有人格ê做工人。

Tn̄g-tio̍h好頭家，大兄是好工頭，tn̄g-tio̍h pháiⁿ頭家，大兄仝款是好工頭，人是工仔侵(欠)頭家ê錢，大兄卻是工頭hō͘頭家欠siàu，tī To-lô-ian (多林/To-lîm/To-nâ)做hit擺，頭家是洪董--ê，to̍h無像進前陳董--ê hiah-nī正派，mā有可能是洪董--ê本錢較無hiah粗，有時ē chông 3點半，連紲工人ê工錢mā發bē出--來，大兄看工人無錢thang領，哀哀cha̍p-cha̍p艱苦chē-kòa leh鬱卒，實在不忍心，to̍h先kā人借錢tńg-se̍h，發工錢hō͘人生活要緊。結果幾十萬箍tiâu-tī頭家hia，伊koh猶leh體貼頭家m̄知tńg-se̍h ē得過抑bē得過，尾á hit攤khang-khòe，hō͘洪董--ê bâ-ka 5,60萬無teh討。

60 thóng歲hit一年有一工，大兄雄雄中風斷腦筋，ùi半身piàn-sūi到倒tia̍m眠床頂bē起身，伊開始鬱卒後悔，哀哀cha̍p-cha̍p講伊猶有幾十萬箍tiâu-tī頭家hia，明明in有錢，爲啥物m̄ kap咱算清楚？Chiah-ê錢若boeh討轉來tàu相添，厝內負擔mā bē chiah-nī艱難，忠厚一世人ê大兄，因爲自責傷深，soah tháu-bē-khui心中鬱卒。

大兄足足加Lah-jih 19歲，伊照顧chit个細漢小弟比老爸較濟，見擺大兄若ùi阿里山轉--來，Lah-jih一定tīⁿ-tòe tī伊ê身軀邊，伊ē chhōa Lah-jih chhit-thô，買四秀仔hō͘ Lah-jih食，m̄知影ê人攏當做阮是爸仔囝，若講Lah-jih細漢時對外面ê代誌有bat較濟，攏是大兄chhōa Lah-jih四界去所致蔭。Lah-jih 5歲無老母，19歲死老爸，到28歲娶某成家，若m̄是大兄ê計畫，kap二兄、三兄、四兄ê saⁿ-kap sio-kēng，to̍h無可能hiah-nī順序tī社會kap人徛起。阮5兄弟仔感情眞好，記智中m̄-bat冤家--過，阿爸過身了後，厝內外大細項代誌，只要大兄出聲決定，阮做小弟--ê一定照聽照行，因爲大兄ê人bē私偏，看重兄弟感情，伊講兄弟若和，to̍h-bē予人看無目地，若是有無仝意見，mā是經過參詳to̍h-ē圓滿，從來m̄-bat大細聲--過，koh-khah m̄-bat用大哥ê身份hat小弟，che to̍h是大兄，真正偉大ê大兄。大兄年老雖罔有較鬱卒，hó-ka-chài伊ê後生、查某囝攏過了chiâ^{n}平順幸福，che應該是大兄有忠厚傳家ê收成。

〔大兄〕

阿里山縣長

——懷念大兄

Lah-jih_20111109

「發仔嫂，chia ê餅仔hō͘ A-bȧk食！」

「Chiah好空，chiâ ê等路？」

「阮大兄阿里山轉--來--à！」

「A-chiàng，chia ê餅仔hō͘ 你食！」

「A-jih叔仔，chiâ ê等路？」A-chiàng in ī--ā 問。

「Kiû仔嫂，阮大兄阿里山轉--來--à！」

1家走過1家，1口灶hēng過1口灶，to̍h是boeh報內底ê人知，「阮大兄阿里山轉--來--à！」Ná分餅ná歡喜，期待足久足久ê大兄轉--來--à！

大兄轉--來--à！大包細包1大堆，有鹹豬肉，有內山高麗菜、hô͘-liân豆，有等路餅仔1大盒，猶有，to̍h是阿爸上歡喜ê「銀票」1大摺(chih)，有thang好過年--lò͘！幾若工se̍h-se̍h念ê阿爸笑kah chiâⁿ滿足，收著1大盒餅仔ê Lah-jih mā歡喜kah phut-phut-tiô，趕緊hēng餅報人知：「阮大兄阿里山轉--來--à！」

1950年讀國民學校三年級以後，to̍h khah有記智，ē記得大兄每1擺ùi阿里山轉--來，一定有好khang--ê，除了等路以外，大兄ē hō͘ Lah-jih較濟䉺teh年錢，ē chhōa Lah-jih去田中街仔se̍h街chhit-thô，看歌仔戲、看布袋戲、食四秀仔；ē chhōa Lah-jih去山跤普興庄阿姑in-tau、大姊in-tau行行se̍h-se̍h--leh，m̄-nā有chheⁿ-chhau thang食，koh有teh年錢thang ni，歡喜幾若工。M̄-koh若過初五隔開，大兄to̍h boeh-koh去阿里山趁錢，tio̍h等足久足久chiah-ē閣轉--來，留落來--ê是幾若工ê鬱卒心悶。囡仔時代除了讀冊、sńg以外，siāng-kài期待--ē，除了大兄轉--來，to̍h是做冬尾戲kap過年時ê等路糖餅、硩年錢，圍爐食好料kap看鬧熱，莫怪hit-chūn過年tâⁿ過，to̍h開始leh算明年過年ê日子。

阿爸管教m̄是kài嚴，伊較關心--ê是驚Lah-jih做野馬學歹，若boeh去遠路，親像去隔壁庄頭抑是去街市，無大人

chhōa是萬萬不可，bē-sái-tit tȯh是bē-sái-tit，m̄-chiah見若大兄轉--來，Lah-jih tȯh得著tháu-pàng，ná像「鳥仔放出籠」，四界iā^{n}-iā^{n}飛，hit-chūn大兄ê後生輝虎chiah 3、4歲，bē-hiáu tòe路，大兄tȯh chhōa小弟四界去chhit-thô，chhin-chiâ^{n} hia，朋友hia，看戲sėh街路，食四秀仔tok枝仔冰，上趣味--ē tȯh是暗時去看歌仔戲，戲soah食點心，ná行ná含柑仔糖，連紲幾若暝，有夠歡喜有夠thiòng。記智上清楚tȯh是讀國校3年級hit年，有一擺大兄chhōa去冊局買1-kâi鉛筆殼仔，開6萬箍，鉛鉼做--è，用屜--è，油漆漆kah chiâ^{n}-súi，同學看著攏chiâ^{n}欣羨，tȯh眞hiau-pai kā in講：「阮大兄買--è！開6萬箍--ō͘！」猶有一擺，隔轉年ê款，舊台票換新台票4萬換1箍以後，有出1-kâi純銀製造ê 5角銀角仔，hit年大兄轉--來，提幾若kâi hō͘ Lah-jih，伊教Lah-jih用喙pûn風chiah khǹg-tiàm耳空邊聽，有影--neh！細細聲仔，ho^{n}-ho^{n}叫，眞好聽，大兄交代tiȯh儉--起來，m̄-thang開掉，無幾工hit種5角銀角仔已經儉十外kâi，大兄tȯh chhōa去冊局買1支萬鉛筆(萬年筆/鋼筆)，Lah-jih逐工插tiàm衫仔袋展寶，he是hit當時讀冊囡仔上欣羨ê文具。

時間過了眞緊，1日過1日，1年過1年，大兄ê後生查某囝mā 1个koh 1个，路途遙遠交通不便ê阿里山，boeh chhōa 1-tīn 囡仔轉來，phi^{n}-phi^{n}-phāi^{n}-phāi^{n}，行李1大堆，tȯh koh-khah罕得轉--來，若是轉--來，mā是hō͘ hit-tīn囡仔khî^{n}-tiâu-tiâu，Lah-jih自然m̄敢koh tiàm大兄尻脊後tòe-chiū^{n}-tòe-lȯh，雖罔án-ni，大兄猶是ē chhōe機會chhōa Lah-jih chhit-thô。

1956年Lah-jih讀初中二年，輝虎mā已經轉來家鄉讀國校二年，歇熱期間，大兄thiau-kang轉來chhōa輝虎、Lah-jih kap大姊夫去楠仔仙溪chhit-thô(渡假)，田中→嘉義→阿里山→東埔→楠仔仙溪→工寮，1-chōa路lò-lò長，ùi散赤庄跤到都市，ùi鬧熱都市深入到恬靜深山林內，2暝3工路途，經驗著從來m̄-bat有--ē ê經驗，第一擺到嘉義都市，第一擺tòa旅館販仔間，第一擺chhàm酒家，第一擺坐登山火車……，算bē了ê第一擺。

斯當時阿里山線火車車班(pang)雙奇日無仝，khia日上山，雙日落山，1日1班，第一暝tòa嘉義販仔間，hit暗，大兄ê頭家(組頭)阿丁伯招待去酒家食飯，1个日本查某打扮ê查某人phâng菜--入來，「あいうえお。」講saⁿh聽無，kan-na知影「たなか」是講阮tòa田中，坐tiàm tha-tha-mih頂食飯，實在bē慣勢，啥物白醋蝦、啥物四川雞，攏無好食，爲啥物阿丁伯boeh tiàm-chia請--阮？感覺足奇怪？

第二工tī嘉義車頭坐阿里山線五分仔車出發，五分仔車駛來到竹崎站，大兄報阮看：「火車母tit-boeh se̍h頭--ā，本chiâⁿ tī頭前拖，chit-má boeh ùi後壁sak，紲落來boeh去阿里山ê鐵枝路開始peh崎，斟酌看，he火車母機關車kap咱hia大線火車無仝，大線火車母帶動車輪運轉hit支鉤仔是坦橫lòng，阿里山線五分仔車火車母ê鉤仔是坦直lòng，koh有鉤齒仔咬tiâu--leh，he有擋棍作用。」車母sak，車囝走ná飛，khin-khin-khōng-khōng，lin-lin-lōng-lōng，he機關車ê機器聲kap koāiⁿ--tio̍h鐵枝路ê kīⁿ-koāiⁿ聲，因爲hòⁿ-hiân kap歡喜心情，並無感覺刺鑿噪人耳，顛倒感覺心適趣味，大約點外鐘久，來到樟腦寮(Chiu^{n}-nó͘-liâu/Chiu^{n}-ló-liâu)時，車母to̍h phī^{n}-phē^{n}喘無停，大兄講：「chit-mái開始boeh khong圓箍仔peh山，斟酌看，等--leh ē-tàng看著tú-chiah行過--è ê鐵枝仔路tī下跤，tio̍h se̍h 3-liàn圓箍仔chiah-ē到獨立山頂(To̍k-li̍p-soa^{n})，che有故事--ō͘，後日chiah講hō͘你聽！」Ná se̍h ná khin-lin-khong-long khin-lin-khong-long，無gōa久車內有人喝聲：「看山跤，鐵枝路tī hia！」探頭看māi，有影to-tio̍h，鐵枝路to̍h tī下跤--neh，實在心適，無gōa久又閣出現1擺，逐家看kah趣味kah……。

磅空1空1空過，坑門1坑1坑幹，過1空磅空to̍h是1个新景色，幹1幹坑門to̍h換1个新天地，山勢無仝，樹仔無仝，溫度mā無仝，算bē盡ê柴橋，彎koh深，看bē了ê光景，新奇koh gông-ngia̍h，一時家己soah感覺淡薄仔sông。車身搖--leh搖--leh，身軀mā搖--leh搖--leh，探頭一下看，「ai-o--à！」驚死人！山坑仔hiah-nī深，深kah無khoài^{n}底，遠遠he綠山白雲，愈接近愈涼冷，hia敢是仙人所tòa？過橋是搖--leh搖--leh，nǹg入磅空是暗眠摸，窗仔門若koai^{n}傷慢，nǹg出磅空口，土炭屎kui身軀，新奇1幕koh 1幕，驚險1-tiô koh 1-tiô，忽然間火車tòng-tiām，「便當--ō͘，便當--ō͘，燒--ê便當--ō͘！」越頭看窗仔門外，已經來到畚箕湖(Pùn-ki-ô͘)，chia是阿里山線中間站，火車已經行3點外鐘久，需要添水添土炭，歇睏20分，人客thèng-á食晝，有人落車買食物，有人四界冏行踏，在地人趕leh搬貨boeh上山。20分鐘後，koh再khin-lin-khong-long起行，點外鐘後經過火車碰壁「Z」字形ê

第一分道，kap看著hit欉世界有名3千外歲ê神木，下晡3、4點仔tó͘h到阿里山，hit暗tòa阿丁伯in-tau，大兄講鐵枝路tī獨立山sėh圓箍仔ê故事：

「斯當時日本技師開鐵枝路到獨立山，tó͘h去hō͘山勢擋tiâu--leh，停睏幾若冬，想無步數thang盤過獨立山，技師hông刣頭轉去日本，有一工kap伊ê學生食飯，學生看著khong-sûn飯碗khap-tī桌頂，得著靈感，tó͘h閣轉來台灣，用sėh圓箍仔kap開磅空ê方式進行鐵枝路開拓，果然得著成功……」

頭一擺聽大兄講古，不止仔gâu講，hō͘阮聽kah耳仔phak-phak，無nih目。

隔轉工坐東埔支線ê載柴貨車到東埔，路較pêⁿ，順山勢彎來彎去sėh 12km，chiah-koh坐載柴箍ê貨物仔車，彎彎斡斡hōng-hōng-hiáⁿ-hiáⁿ，搖點外鐘卡車路，到楠仔仙溪土場，然後peh 2點鐘足崎足崎山路到工寮，結束3工2暝路程。

深山林內山頂尾溜，海拔2600外公尺，工寮4落，工人、煮婦、囡仔saⁿ-siap个，日出做工、chhoân 3頓食，日落睏眠、補精神，山內涼冷空氣鮮，鳥隻chi̍h-chiu̍h陪寂寞，做工--ê透早tió͘h出門，做到日黃昏，機器聲、鉤柴má-ge喝咻聲，相伴度時度分；烘火、趕蠓、phò͘-tāu 罔gī-niū。Tiàm工寮ê煮婦負責款食、洗衫、hiâⁿふろ水，無,著陪囡仔罔種作，chit種生活對暫時借tòa、遊山玩水是kài趣味，大兄大嫂in，1-tòa kui年thàng天，若m̄是爲著趁錢，啥人願意來chia吞忍寂寞日子。

山中度假無幾工，chhàu-tú-khám tn̄g-tio̍h「萬達」風颱空襲台灣，1暝風透雨châng，睏眠中茫茫渺渺，kan-na聽著透風落雨聲，天光精神chiah發現，hiau-hēng，工寮面前山坪，割出1條深深人外深，比卡車路koh-khah闊ê水溝，he水路直直ǹg向工寮chhiâng，1箍大欉樹箍hiah tú-hó 坦橫khê tiâu tī 2欉樹仔中間，水路彎斡，流ùi工寮邊仔間過--去，hit暗，邊仔間Ian-á兄in翁某，透暝拆杉仔壁堵逃命到隔壁，有夠恐怖ê chhū山，nā-boeh是無hit箍柴箍，nā-boeh是無hit兩欉大欉樹，4落ê工寮、sa^{n}-siap个人命m̄-tio̍h葬身坑溝仔內？天地無情，喝pì^{n}面to̍h變面，無留一點仔情份，攏無帶念出外趁食歹命人，hó-ka-chài有驚無險，莫怪大嫂ē hiah-nī虔誠leh做gê，逐個月初二、十六一定chhoân牲禮燒金紙拜山神土地公。風颱過了，山路斷站，khang-khòe暫停，日子猶原著過，三頓仝款ài食，四兄負責運搬，東埔福利社無貨，需要去阿里山買，一chōa路12Km+12Km=24公里，來去步輦，擔boeh成百斤糧草，hit種thiám-thâu，無行mā bē-soah--tit；大兄是ku-lí頭，工作運作進度，需要kap組頭阿丁伯參詳，to̍h陪四兄行chit-chōa路，工寮停工ê工人，跋筊、hap-sian、e絃仔唱歌，看,是kài清閒，心內鬱卒boeh kā siáng講？幾个kut-la̍t勤快ê工人相招去巡水kéng仔，順紲挽香菇，落雨ta̍p滴後ê乾樹箍，自然puh出野生香菇，3工後大兄、四兄轉來工寮，hit暗食1頓罕得有ê腥臊，生香菇、山茼蒿、山芹菜炒ta^{n}擔入門ê豬肉、煙腸……，燒酒2,3杯落喉，大兄開始報告：

「鐵路、卡車路後--日開通，koh歇2工to̍h ē-tàng繼續

chiūⁿ工……。」

理路簡單清楚，an-tah工人誠意，o͘h！原來大兄chiah-nī gâu講話--ò͘！To͘h是對人chiah-nī體貼，chiah-ē chhōa工chhōa kah chiah-nī四序。Hit年大兄35歲，Lah-jih 16歲。

2冬半後，Lah-jih考tiâu師範學校讀半冬冊，因爲tì-tio͘h肺癆休學，第二擺來到楠仔仙溪，目的是boeh靜養身體，頂過tòa ê工寮傷過危險，寮仔後是看bē到底ê坑溝仔，離khang-khòe場koh遠，chit-má已經徙來頂寮仔，木材造作，厝頂khàm杉仔瓦，總共3落，2隻機器集材工人boeh tòa，闊koh四序，有火爐、有ふろ間，mā有山坪thang種菜，徛tī寮仔前，ē-tàng看眞遠，楠仔仙溪溪水to͘h是ùi chia流kah高雄、屏東hit爿去，好天暗時小可ē-tàng看著都市電火光影，對療養身體來講，實在好所在，kan-na欣賞天然súi光景、suh涼涼清氣空氣，免食藥，身體自然健康，大兄chhōa小弟來chia靜養，確實有智慧。

靜養ê人m̄免chiūⁿ山做khang-khòe，每日tiàm寮仔厝內幫忙大嫂hiâⁿふろ火、陪幾个細漢chau-á孫仔chhit-thô，大嫂疼Lah-jih ná親生囝，不時關心招呼，紹介厝邊煮婦熟似，o-ló Lah-jih眞乖，細漢無老母眞歹命，講著細漢時，大嫂又閣目箍紅紅，目屎流目屎滴。機器工仔是粗重khang-khòe，三頓伙食bē使得食siuⁿ-bái，魚肉一定ài有，爲著補身體，大嫂不時都煎卵煮點心hō͘ Lah-jih食，下晡2點外開始起火hiâⁿふろ燒水，boeh暗仔工人收工thang洗身軀恢復疲勞，ふろ水若hiâⁿ燒，大嫂to͘h叫Lah-jih先洗，較免kap人kheh，ふろ間1桶浴桶ē-tàng浸3人，chit-chūn kan-na Lah-jih孤1个，慢慢仔洗，慢慢仔浸，浴桶下面hōm-hōm柴火ná tȯh，浴桶內ê燒水溫度tȯh ná chhèng-koân，人ê體內溫度mā愈來愈燒lȯh，sio-jiȧt到tòng-bē-tiâu chiah-koh lâu冷水，he用水kéng仔kéng落來ê坑仔水有夠清氣，浸boeh半點鐘，規身軀紅kì-kì，拭乾，短褲節仔穿--leh，裼腹裼無穿衫，tȯh tiàm厝前siàn冷風，雖罔清明節氣跤兜，海拔2600外公尺內山工寮，溫度chiah 5,6度，下晡時陣，山坑仔風起，ùi坑溝底開始起雺罩霧，一目nih面前山坪khàm到無看山影，四界白茫茫，冷風一陣一陣吹，胸坎猶原燒lȯh燒lȯh，徛boeh 20分鐘久，大嫂leh hiu：「Jih--è！入來穿衫，m̄-thang hō͘ kôaⁿ--著！」

新鮮(神仙)生活2個月，面容光iāⁿ，油滋胖皮，大兄看小弟恢復健康，koh來tȯh是需要運動，tȯh安排輕可機器工仔tàu做khang-khòe。組頭阿丁伯負責hit隻機器8號機是水煙--ē，tȯh是tiȯh hiâⁿ火爐hiâⁿ滾水ê蒸汽機，離工寮半點鐘久鐵枝仔路，司爐hiâⁿ火ê Hū-jî--ê透早5點出門，Lah-jih tòe四兄6點出門，四兄運轉手hōaⁿ機器，Lah-jih koh peh山半點鐘負責擛旗仔喝信號，其實Lah-jih無啥物任務，kan-na tòe人喝i-o，幫忙雜差仔，同伴若喝「停~~~」，Lah-jih tȯh喝「停~~~」，同伴若喝「má-ge」，Lah-jih tȯh喝「má-ge」，大約半點鐘久鉤1-chōa柴，閒ê時間tȯh是phò-tāu開講，抑是khioh柴hiâⁿ火烘燒趕蠓，等到11點半開始烘飯包，12點左右，hōaⁿ機器ê四兄giú一聲信號「tǔ~~~」，逐家歇睏點半鐘食晝兼tuh-ku，食he烘過ê飯包，jōa好食你敢知？斯當時倚大兄福食ê工人10幾个，作穡需要體力，需要油臊，飯包除了白米飯，大嫂準備ê配鹹一定有魚、有肉kap有卵，飯包內he三層肉經過火烘，烘久自然鹹siam，肉油芳鑽入飯粒，燒燙燙、phang-kòng-kòng，kan-na phīⁿ to̍h流喙nōa，食飽bìn晝，下晡點半機器「tŭ~~~」一聲信號，繼續做工，日頭落山進前收工，轉去工寮話仙、洗浴、食暗、oⁿ-oⁿ睏，一工過了又一工，爲著生活姑不將，Lah-ji̍h是輕鬆、趣味，其他工人是討趁度日。

有一工，はしら〔集材柱〕頂koân ê かっしゃ〔定滑輪〕出問題，大兄是ku-lí頭，伊taⁿ頭注神看清楚了後，to̍h交代「上工」Hù-lâm peh-chiūⁿ樹頂，Hù-lâm按照大兄指示處理，無一tah久仔to̍h處理好勢，繼續鉤柴，這是頭一擺看著大兄ê才能，莫怪伊30外歲to̍h-ē chhōa工做ku-lí頭。Hit暝逐个tī寮仔內開講，Lah-ji̍h眞hòⁿ-hiân問大兄：

「he水煙--ê〔蒸汽機〕ê機器hiah-nī大隻，hiah-nī粗重，boeh按怎搬起來chiah koân ê山頂，也無卡車路也無鐵路？」

「He m̄簡單，boeh搬進前，先kā機器拆開，用トラック〔卡車〕載到山跤土場，用溜籠送到山頂現場chiah-koh kā組立起來…」

「大兄，che我知--lah，我ê意思是講現場ê機器按怎鉤起去山頂尾溜，抑是坑溝仔下面，hia也無安溜籠？」

「He to̍h是用相揹(sio-āiⁿ) ê方式kā機器搬到位--ê！」火明仔兄插喙tàu說明。

「火明仔兄！按呢講，Jih--è聽無--lah！聽我ta̍uh-ta̍uh-á

講 hō Jih--è 聽。」大兄繼續講：「溜籠 kā 機器 ùi 土場鉤起來山頂以後，to͘h 是現場集材工作 ê khang-khòe，先 kā 第一隻機器 an-tiàm 鐵枝路邊，chiah koh kā 第二隻機器鉤 chiūⁿ 山頂尾溜，鐵枝路到山頂安第二隻機器 ê 所在，大約 1000 米，來回一 liàn 需要 2000 米長鉛索仔(鋼索)，ニバン(二番鉛索仔)眞重，ケーブ大鋼索 koh-khah 重，所以著先用人工牽較細條較輕 ê 鉛索仔 chiūⁿ 山頂，1 蜷鉛索仔 5,6 人、7,8 人 giâ，較有力 --è 1 人籬 7,8 籬，較軟 chiáⁿ--è 籬 5,6 籬，前後 5,6 个、7,8 个也 giâ 也拖 peh-chiūⁿ 山坪，1 蜷接 1 蜷，連接 2000 米長，山頂、鐵枝路はしら 攏 chhāi 定，鉛索仔穿過 かつしゃ〔定滑輪〕to͘h ē-sái-tit 用機器拖 ニバン、ケーブ安裝鉤物運送作業……」

「Oh！Hiah-nī 費氣，大兄 koh 講簡單？」

「簡單 ê 意思是講 khang-khòe 發落起來 kài 順序，當然 --lah，he giâ 重 peh 山落崎 nǹg 樹林草菝 ê 艱難是無 tè 比，m̄-nā 著跤力手力，koh-tio̍h 知山性 bat 山勢，che 集材工作 ê 開路先鋒攏是內行 koân 手，大兄 m̄-chiah 講簡單。」

「逐工 lóng mā 做 kah 足 thiám--ē，收工轉來寮仔洗ふろ，洗掉 1 工 ê chhiah-ia̍h ak-chak，食暗飽 to͘h 隨人去 oⁿ-oⁿ 睏，無像 chit-chūn 按呢 ē-tàng 小開講 phò-tāu-- 一時 --à。」

四兄做兵退伍後 to͘h tòe 大兄來山場做工，一直攏聽大兄安排 khang-khòe。

「紲落去 to͘h 是 kā 第二隻機器零件 1 件 1 件鉤送起去山頂，然後安ケーブ(大鋼索)，ケーブ安好勢，kā ニバン(二番鉛索仔)連結入去かっしゃ[定滑輪]kap プーリー[滑車]，按

呢機器連結組合好勢，眞正ē-tàng開始運轉鉤柴作業，已經開去2,3個月時間。若tn̄g-tio̍h路站遠--ē，需要做幾若站鉤柴，to̍h有影像火明仔兄講--è，需要2隻機器相揹(sio-āiⁿ)盤山過嶺--lò͘。好！盈暗開講到chia，準備來去睏！」

現場ku-lí-thâu，眞正是內行khùi，bē輸工程師--lè。

Ē記得是八七水災前1個月，東埔支線kap東埔土場thàng楠仔仙溪hit條卡車路，因爲落一寡雨，小可仔崩山，bē通，大兄招Lah-jih做伴去阿里山kap組頭阿丁仔伯參詳代誌，大兄kā兵仔衫兵仔褲當做工作服、跤穿たび鞋tān きゃはん[綁腿]、頭戴匏稀瞉(pû-hia-khok)，眞正nn̄g山場做工人打扮，阮ùi山寮仔步輦出發，彎彎斡斡行落4,50度崎山坪到土場，chiah koh行旱路仔[捷徑] cháⁿ過彎來se̍h去ê卡車路，peh-chiūⁿ新koân山入山口あんぶ[鞍部]所在小歇喘，大兄lim 1喙茶點1支薰了後，叫Lah-jih越頭看，用手kí對面遠遠hit支山山頂講：

「hia to̍h是溜籠頭，咱tòa ê寮仔tī正爿，hit支山ê柴眞súi，攏是厚殼仔kap薄皮仔ê原木，日本人號做ひのき(檜木)，阿爸、阿伯in講做松蘿，常常kā人講我是tī松蘿仔山做ku-lí-thâu(苦力頭)，本成日本人boeh提chit支山ê柴是boeh用火車運送，鐵枝路猶未開，to̍h終戰投降，尾仔chiah開卡車路，工程較省是較省，m̄-koh運送較慢。

lim一喙茶閣pok一喙薰，大兄繼續比peh-chiūⁿ新koân山hit條山路講：

「幾若年前hia bat跋死1个人，1-tīn美國登山客peh新

koân山轉來時，踏著1板柴橋斷--去，跋死tī下跤，hō雪khàm足久chiah挖著屍體。後--來，有人kā hia號做啥物崩崁？」

繼續行是平坦路站，順山勢彎斡，正手爿面是ōm-ōm鐵杉林，直欉大箍，kap 1大遍白木林，是火燒山ê記號，3-4點鐘跤力，已經來到東埔土場，聽著人聲hi-hoā，有人hoah：「縣長來--ā！」有人叫：「Gân-á兄！」大兄笑笑，擛手無應聲。看著1大堆柴箍hoâiⁿ-hoâiⁿ-kėh-kėh thiàp tī hia，薄皮仔、厚殼仔、雜木仔攏有，大兄講：

「chia-ê柴是楠仔仙溪7號機、8號機鉤ê木材，每支攏有檢驗寸尺，jōa長jōa大箍攏記tī柴箍鋸斷面。」

行倚柴堆看斟酌：「大兄，he用刀仔劃ê記號是啥物字？有ê看無，有ê kap阿爸叫我tī楊麻布頂面寫ê字仝款--neh！」

「He叫做台灣碼，用刀仔刻溝，chiah-bē lak無--去。」

原來tȯh-sī按呢--ò͘。

「下面鐵路有車囝，tȯh是boeh載chia-ê柴出去嘉義。咱先來去恒--ē hia食晝，下晡chiah來去阿里山。」

叔伯兄恒--ē tī東埔mā是做ku-lí-thâu，伊tòa ê寮仔tī較去2Km鐵枝路邊，等一下nǹg過磅空tȯh tit-boeh到--à。中晝頓山菜兼油臊，恒仔嫂煮食清氣相，兄弟做伙有講有笑，恒仔兄o-ló Lah-jih gâu讀冊，大兄當面用溫和口氣講出伊對Lah-jih ê期待：

「你tio̍h認真讀冊--ō！」

簡單一句話，tī Lah-jih心內卻是ná像老爸ê叮嚀，一時感覺心情沈重ná像做m̄-tio̍h代誌，恒仔兄看Lah-jih tiām-tiām無應話，to̍h安慰講：

「阿兄是leh鼓勵你！Ē hō͘ 你讀冊--lah！」這是大兄唯一一擺上嚴格ê講話，永遠都記tī心肝內，m̄敢放bē記得。

食飽後tī寮仔前欣賞山景，對面遠遠ē-tàng看著火車tī こだま(自忠)hia leh chhèng煙，大兄kí正手爿講：

「chia落去ē-tàng到神木坑、和社kap望鄉，較早bat tī 磅空口hia做7,8冬集材khang-khòe，大兄做頂線，Tōa-kiān-hô --ê做下線，山坑仔bîn-bîn-á崎，大約30外度，看--起來遠koh深，有ê柴需要做幾若站鉤，siāng下面ê工人需要提早1點鐘出門，提早1點鐘收工，he機器ê安裝to̍h是火明仔兄講--è：互相「sio-āiⁿ」，chit-má恒--ē做ê林班tī chia koh-khah去，是用エンジン[引擎]鉤柴，エンジン我bē-hiáu，若是水煙--ê，我是kài內行，boeh拆、boeh組、boeh修理攏無問題，有koh-iūⁿ，kan-na聽聲to̍h知影tó位chhut-chhê。好！咱來去阿里山！」

大兄講話bē膨風，kap家己兄弟mā是實實仔講。

翻頭n̂g土場行向自忠、阿里山，12Km鐵枝路，倒爿phēng山，正爿是闊莽莽坑門，彎彎斡斡se̍h來se̍h去，12Km路程攏有看著こだま(自忠)、東埔土場、寮仔tī hia對siòng。來到こだま，是1个車站，倒爿是こだま支線，ē-tàng thàng大邦[達邦]，大兄講較早bat tī chia做--過，地頭kài熟，咱mài-koh行鐵枝路，換行旱路，20外分鐘to̍h-ē到阿里山。

看著車頭，知影阿里山已經到，「縣長！你來--ā！He

lín 囝 --hioh？」

「M̄ 是 --lah，是細漢小弟 --lah！」大兄笑笑應話。

大兄人緣 bē-bái to-tio̍h，見面招呼 m̄ 是「Gân--ē！」「縣長！」To̍h 是「Gân-á 兄！」「Gân-á 叔！」互相熟似 liù-liù，ká-ná 厝邊隔壁，ká-ná 兄弟叔孫，敢講 chia 是大兄 ê 家鄉？熟似人 ná-ē chiah-nī 濟？18 歲到 38 歲已經 20 冬，m̄ 是故鄉 mā 應該算是在地。Tòe 大兄四界 chhōe 人，hia se̍h chia 坐，phò-tāu 開講，到 boeh 暗 chiah 去阿丁伯 in-tau 食暗，因爲 siuⁿ-thiám，Lah-jih 先去睏，大兄 chiah-kap 組頭阿丁伯參詳代誌。

天光日，大兄 chhōa Lah-jih 去 se̍h 姊妹池、看三代木、看樹靈塔、看神木，了後 to̍h-koh 步輦行 12Km 鐵枝路，囡仔跤，m̄ 知痠，大兄 ná 像無 hìⁿ-haiⁿ 著，跤步在 tiāⁿ，緊慢穩定，ná 行 ná 講話。

「大兄！人 ná-ē 叫你縣長，叫你阿里山縣長？」來到阿里山 chiah 知影人 leh 叫「縣長」to̍h 是 leh 叫大兄。

「Hò͘！是按呢 --lah，che 眞趣味，幾冬前有一工 tī 嘉義販仔間 kap 朋友開講 phò-tāu，講 -- 著斯當時嘉義縣長候選人有 1 个足 sêng 大兄，尾仔 hit-ê 候選人眞正當選縣長，有人 to̍h 開始滾笑叫我縣長，大兄 tī 阿里山出出入入 tòa 十幾年，koh 有人 kā 阿里山參落去叫阿里山縣長。」

「Ó͘！Hō͘ 人叫縣長！阿里山縣長！聽著 m̄ 眞爽。」

「人 he 是 sńg 笑叫趣味 --ē，m̄-thang 當做眞 --ê，mā m̄ 是歹話，笑笑 --leh to̍h 好。」

莫怪大兄若聽著人叫縣長、阿里山縣長，伊攏笑笑無應聲。

行到土場已經過晝後仔，kap工人招呼了後tó͘h繼續行，nǹg過磅空到恒仔兄ê集材機器現場，Lô͘-á兄kap四兄tī hia作穡，Lô͘-á兄hōaⁿ エンジン，四兄giú鉛索仔鉤柴，猶有阿道兄tī坑仔底縛柴má-ge，無gōa久歇工，Lô͘-á兄、四兄家私頭仔款款收收--leh，兄弟tó͘h做伙轉去寮仔歇睏，暗頓恒仔嫂特別加菜，兄弟做伙食一頓腥臊，阿道兄講：「Lah-jih！兄弟kan-na你有thang讀冊讀到師範boeh做老師，實在上gâu上好命。」講mā有影，若m̄是阿兄阿嫂無計較開錢ê燒烙，供給hō͘ Lah-jih讀冊，用心栽培，ná有進入師範學校ê機會？Lah-jih需要時時謹記在心，m̄-thang放蕩，m̄-thang hō͘阿兄阿嫂失望chiah-tio̍h。

夜色生冷無月，天星gia̍p-gia̍p-si̍h，山坑雲海浮起，平tháⁿ-tháⁿ，tiām-chih-chih，微微ē-tàng看著對面こだま燈光暗淡，暝時露重跤gàn，m̄敢徛傷久，趕緊入內藏被眠夢。天光日仝款步輦轉去楠仔仙溪工寮，一路欣賞大欉樹、箭竹林，闊莽莽ê草坪有紅川七、喇叭花、山杜鵑，喇叭花tó͘h是野百合，因爲落崎tó͘h ná行ná跳，大約有7,8公里遠ê卡車路，cháⁿ旱路仔，點外鐘tó͘h到土場，peh上山頂工寮，拄好赴食中晝飯。Chit擺阿里山往復一chōa，hō͘小弟閣較敬佩大兄ê做人、才能，m̄-nā khang-khòe內行頂眞，kap人交陪是hiah-nī誠意好鬥陣，替人想，替人解決代誌，處處寬宏大量，心胸闊有腹腸，莫怪人緣好，願意kah伊鬥陣工作。

八七水災是轟動國內外ê大災害，3工3暝連紲siàng大雨ê工寮，杉仔瓦厝頂pìn-piàng吼，連講話to-tio̍h大聲，想講chit聲去了了--à，又閣著停工歇睏幾若工，siáⁿ知隔2工外口傳來消息，「濁水溪起水漲，淹死不計其數人命，阿里山鐵路害了了。」爲著復學讀冊，決定提早轉去厝--裡，大兄四兄需要發落山場khang-khòe，bē-tàng隨時離開，叫Lah-jih tòe別人跤步用行--ē，足足1暝2工ê步輦，hāⁿ過2,3樓深ê柴橋，柴橋下跤是崩崁山坑，有ê看bē到底，恐怖萬分；nǹg過5,6分鐘、10外分鐘烏烏暗暗磅空幾若十kâi，kan-na看頭前chhōa路Jî-á兄1葩電土火chhiō路，磅空內泉水ta̍p-tih，有時有he bi̍t-pô飛徙，ki-ki-chiuh-chiuh叫聲，雖罔幼幼微微，gông-ngia̍h心情驚惶，hō͘人提心吊膽。進前上山到阿里山是坐車看光景，chit-piàn落山卻是兩跤步輦體驗，行鐵枝路，跤踏chám木仔(枕木)，1步1步，cháⁿ旱路，peh崎koh落崎，路草坎坷少人行，隨時需要開山刀伺候，確實艱難，行久跤ē酸、人ē-thiám，hiông-hiông想著大兄長期山內行踏生活，hiah-nī自在輕鬆，敢講大兄已經pìⁿ-chiâⁿ內山人，已經釘根變成在地？Thang講是『歸心似箭』，無心欣賞路邊花樹景緻，tī第二工半晡仔來到竹崎，chiah有車thang坐，已經thèⁿ腿。經過路站，早前大兄有紹介，chit-pái用行--ē，認bat koh-khah詳細，深深了解山ê變化、奧妙、美麗、驚險、無情，chiah知大兄規年迵天山場來來去去ê辛苦險惡，m̄-koh經驗豐富ê大兄已經當做日常生活，自在、輕鬆、無礙。

時間ná飛，師範3年做兵3冬，6年中間mā bat koh入阿里山chhit-thô，一擺tī To-lô-ian(多林)，一擺tī水車寮(水社寮)，大兄全款跤踏實地phah拚經營伊ê事業，負責認眞態度猶原無變。退伍結婚hit年，去阿里山chhit-thô(度蜜月)，大兄tī眠月下線做，工寮tī二號橋，má-ge現場hia有一隻石猴，無去參觀，有較可惜。此後投身教冊生涯，建置家己家庭，to̍h 無koh tîⁿ-tòe大兄身邊，若是有去阿里山，攏是遊覽chhit-thô niā-niā。

偏名無論好聽歹聽，叫久to̍h-ē tiâu名，大兄講過：「人he是sńg笑叫趣味，m̄-thang當做眞--ê，mā m̄是歹話，笑笑--leh to̍h好。」因爲m̄是歹話，「阿里山縣長」soah愈來愈濟人叫，連故鄉chhân-tiong-ng熟似朋友都按呢叫，m̄知in-toaⁿ ê人 頭一擺聽--著，雖罔面腔gông-ngia̍h「thài-thó有he阿里山ê縣長？」M̄-koh開喙招呼仝款是「阿里山縣長」。「阿里山縣長」大兄18歲tòe Pâng-á伯去阿里山林場做工，ùi日本時代昭和14年(西元1939年)做到終戰，ùi終戰做到1986年退休；ùi公家ê林場技術員(乙技)做到生理人ê工頭，將近50冬ê青春歲月，攏浸tī山場。Tī chit將近50冬ê日子，嘉義阿里山出出入入、來來去去，包含阿里山thàng東埔到楠仔仙溪，阿里山到神木村到和社，こだま thàng特富野到大邦(達邦)路站，ta̍k所在有伊ê跤跡。做過ê林班，親像水車寮、畚箕湖、To-lô-ian、Hē-sian-á、十字路、第一分道、二萬坪、東埔支線(水山線)、眠月下線、東埔、楠仔仙溪現場集材工作所在，時常是たび穿--leh，khiā-hang tān--leh，頭戴匏桸帽，tī半原始森林內，盤山過嶺，peh懸落低(peh-koân lo̍h-kē)，khàng-chiūⁿ崩壁，nǹg過雜草，潦過坑溝，勘察林班mā好，實地每木調查mā好，去估計木材數量，判斷剉柴、鉤柴、運搬路草，施工困難程度等等……然後chiah決定標售價數抑是發落剉柴集材工事。

伊ê戶口tī 1946年to̍h遷徙到台南縣吳鳳鄉雪峰村7鄰7戶68號；1953年5月8日改爲嘉義縣吳鳳鄉雪峰村5鄰8戶12號；1954年2月10日改爲嘉義縣吳鳳鄉雪峰村5鄰東埔14號，攏是寄留遷徙戶口；一直到1968年12月28日chiah遷徙轉來彰化縣田中鎮頂潭里12鄰和平路崁頂巷48號繼承爲戶長。

年歲1年1年濟，思念ê心1日1日深，想著大兄疼小弟ê 1點1滴，1幕1幕ê過去，家己to̍h感動kah目屎khîⁿ目墘，戇神tī過去ê日子，頭殼內又閣浮出阿里山縣長大兄ê形影，tī阿里山、東埔、楠仔仙溪……出出入入、來來去去……

〔大嫂〕

平凡偉大的母親

蕭專琴

(屘叔Lah-jih修改做台語文_20090926)

平凡偉大阮媽媽，個性有量客氣無輸阮爸爸，厝邊隔壁人呵咾，佮人做伙，從來毋捌佮人計較sia^nh。

伊一生勤儉持家養育阮一家，辛苦栽培阮讀冊，雖然艱苦嘛無怨嘆後悔，日子猶原歡歡喜喜一工一工過。

媽媽時常講阮攏是伊的心肝寶貝，阮嘛認爲媽媽是眞古錐的老人家，有時會講囡仔話，有時閣會鼓勵孫--ê著認眞讀冊。

媽媽年老身體虛弱已經一年外，無法度行路，嘛袂記得眞濟代誌佮艱苦，每日坐店撐椅頂，恬恬無半句話，毋知影伊心內想啥貨？

好佳哉有大兄輝虎、大嫂秋菊佮二姊惠方認眞咧照顧，才予阮佇外地的大姊小妹會當安心做工課。

阮攏眞向望會當一直守護阮的寶貝媽媽，毋過媽媽親像已經揀好日子，欲皈依阿彌陀佛去西方極樂世界，煞袂記得共阮講，就按呢佇平靜安祥中恬恬離開。

媽媽！今仔日眞濟親情、朋友佇遮送你離開，你著 mài 閣爲阮操煩掛心，放心追隨阿彌陀佛去吧！O͘-mí-tō͘-hu̍t！

遺族面向親情、朋友行禮答謝：

各位親情朋友，感謝逐家歡喜送阮媽媽離開，感謝過去逐家對阮蕭--家的愛護疼痛，感心在心內。向望今後各位親情朋友，會當繼續支持阮兄弟姊妹，共阮疼惜，共阮牽教。祝福逐家事業順利，家庭平安。感恩！

〔大嫂〕

感謝大嫂

Lah-jih _20090926

今仔日2009年9月30日，咱人8月12，阮逐家圍tiàm你的靈前，欲用歡喜佮毋甘的心情，送你行向西方極樂世界，皈依阿彌陀佛的身邊，你會當佇遐過著無憂無愁、歡喜自在的生活，毋免閣受 生、老、病、死的輪迴，清淨無憂。

大嫂！佇妳欲起程的時，Jih--ê 欲共你講幾句感謝的話：

大嫂！Jih--ê叫你大嫂已經64冬，毋過妳佇Jih--ê心內，蓋成是我的老母，Ī--ā佇Jih--ê出世才滿4歲的時著來放我離開世間，好佳哉上天派大嫂你這个天使來疼惜我，佇Ī--ā過身進前妳就嫁來咱兜，戇戇毋捌世事的囡仔疕，著按呢有你的照顧疼惜，才會無憂無愁、無所遺憾，一日一日大漢，佮人有比並。

細漢時，是大嫂你共我揹上揹落，擔水、煮飯、洗衫，Jih--ê規日共你綴tiâu-tiâu，有人同情遮爾幼chíⁿ的囡仔著無老母，實在可憐，你就目屎流目屎滴，騙我毋通哭，就若親像老母io細囝仝款疼入心。

Jih--ê 8歲，你才生輝虎，爲著大兄的事業，你著去阿里山，Jih--ê嘛入去學校讀冊，款三頓、洗衫褲的責任才換二嫂來照顧，又閣是上天派來的一個天使，實在感恩。

大嫂！你蹛阿里山彼站，雖罔咱無常做伙，毋過Jih--ê眞正了解，你猶原掛心。有一擺歇熱，大兄chhōa我去山場chhit-thô，你著歡頭喜面共人紹介，「這是我上細漢、siōng-kài乖巧的細叔仔，Jih--ê！」講著細漢的故事，你仝款目屎tâm目墘，毋甘的心情，我已經會當體會。

大嫂！你疼--我的心我講袂了，一直kah我出社會，猶原無放soah，佇我做兵無錢的時陣，只要共大嫂講--一聲，著是需要共人借，大嫂一定袂予我失望，佇我娶某生囝以後，妳嘛是hiah-nī-á關心我。

大嫂！感恩、感謝你！這世人有大嫂的疼愛，是Jih--ê上大的福氣，感恩的話講不盡，大嫂在世的時，對我的好，一點一tuh，Jih--ê永遠記tiâu-tiâu，永遠懷念的大嫂，Jih--ê佇遮恭送你行上西方極樂世界的路，你著毋通操煩人間的一切，毋通越頭，愛有正念的信心，行向阿彌陀佛身邊。O͘-mí-tō͘-hu̍t！

【註解】

圍tiàm：[圍在]/ 佇遐：tī-hia[在那裡]/ 毋免：m̄-bián[不必]/ Jih--ê：蕭平治的名/蓋成：kài-sêng[非常像]/ 好佳哉：hó-ka-chài[幸虧]/ Ī--ā：阿母，平埔族語(南島語)/ 咱兜：lán-tau[我們家]/ 毋捌：m̄-bat[不懂]/ 囡仔疕：gín-á-phí[小不點]/ 佮人：kap lâng[跟人家]/ 比並：pí-phēng[比較]/ 遮爾：chiah-nī[這麼]/ 幼chí^{n}：iù-chí^{n}[幼嫩]/ 揹上揹落：āi^{n}-chiū^{n}-āi^{n}-lo̍h[揹來揹去]/ 綴tiâu-tiâu：tòe-tiâu-tiâu[緊跟著]/ 騙我：phiàn--góa[哄騙著我]/ 毋通：m̄-thang[不要，不可以]/ 蹛：tuà[住]/ 雖罔：sui-bóng[雖然]/ siōng-kài：siāng-kài[最最]/ 會當：ē-tàng[才能，可以]/ 無放soah：bô-pàng-soah[沒忘記]/ 袂予我：bē-hō͘-góa[不會給我]/ 一點一tuh：[一點一滴]/ 佇遮：tī-chia[在這裡]/ 越頭：oa̍t-thâu[回頭]

〔大嫂〕

蒜仔炒煙腸

Lah-jih _20140217

Eng-àm食飯桌頂攢出1盤「蒜仔炒煙腸」，看著歡喜kah，飯未貯先giah箸ngeh一塊蒜片窒入喙空，蒜蒩lām煙腸味，足熟似ê滋味浮出記智，感恩ê心思透濫幸福ê享受，koh-chài一擺kā牽--ê講起hit-tang-chūn散赤人chah飯包讀冊ê

日子。

1956年坐火車去彰化讀冊hit 三冬，大嫂二嫂常常爲著Lah-jih飯包菜leh激破頭殼，米甕有米無米是查埔人代誌，三頓配鹹作料來路mā是查埔人負責，tī hit个三頓菜脯醃瓜仔hām菜園四時青菜年代，向望boeh有啥物魚臊肉類thang食，to̍h-ài期待年節抑是精牲仔tio̍h-che。俗語講「作料夠，m̄是新婦gâu」，阿爸han-bān，作kah 4分厝跤水田，人工、肥料、納租，chhun--落來è kan-na是米母仔niā-niā，boeh買豬肉魚臊，to̍h-ài儉腸neh-tō͘，chiah ē-tàng趁年節拜拜上街去買，平常時仔khah買mā是肥chut-chut ê肥豬肉，用來chòa^{n}油，有油煮食chiah-ē芳，無油無sian ê羹頓食khah bē-lo̍h飯，m̄-chiah阿嫂煮食足致重hit-kâi豬油筒仔，豬油筒仔若有油，to̍h m̄驚Lah-jih chah飯包無配鹹，鹹tôa-á甕，壁邊排規列，鹹瓜仔、爛瓜仔、chhè瓜仔，久年老菜脯、新曝菜脯、菜脯米仔，醬筍仔，菜頭long-á，猶有高麗菜、花仔菜菜乾，匏仔乾，鹹菜摠仔，應有盡有，chhìn-chhái提來炒，有油to̍h-ē芳，有鹹koh有芳，自然配ē lo̍h飯，che是較捷chah ê飯包菜。

平常時nā有好空ê配鹹，to̍h是阿嫂hō͘ Lah-jih ê疼心，he雞卵鴨卵鵝卵孵了無hêng--ē，提來煎菜脯卵上kah味，做飯包菜足kah意，雖罔菜脯hē眞濟，煎bē規塊，有卵芳to̍h食kah suh-suh叫，記得hō͘阿嫂上無變步ê時，只有chah 1粒sī^{n} kah鹹tok-tok ê芋仔囝，死鹹死鹹，鹹kah像leh攪鹽，油筒仔無油，青菜koh bē chah--tit，新婦khah-gâu mā無才調。上特別、食了上爽快，to̍h是cheng-se^{n}-á tio̍h-che bē活--à，tio̍h thâi

來炒豆醬仔，鹹koh芳，食落喙免算塊，算是siōng-kài-chán ê飯包菜，每擺看著tok-ku雞仔tī壁角gìm--leh gìm--leh，Lah-jih to̍h歡喜tī心內，chit-chūn想起來實在hiau-hēng tāi。若是年節有thâi cheng-seⁿ-á、買魚肉，阿嫂lóng-ē儉一寡起來园，等候開學kā Lah-jih加菜，有油臊hit粒飯包，免等到中晝12點，tī 10點外hit个歇睏時間已經sut了了。

記智上深to̍h是「蒜仔炒煙腸」ê飯包菜，大兄過年轉--來，特別tī嘉義買1斤煙腸thang圍爐，che是貴參參稀罕物，有魚有肉有煙腸ê過年暝，免講mā知影phang-phài無tè比，he煙腸是1片1片kah蒜仔青，蒜仔青是生蒜，囡仔人bē-ài食，kan-na食煙腸to̍h thiòng-kah跤鬆手弄。過年了後liâm-mi to̍h-koh chah飯包趕6點5分火車讀冊ê日子，開學第一工透早tī灶跤phīⁿ-tio̍h煙腸芳味，阿嫂講：「ngeh 1片配飯to̍h好，chhun--e thang做飯包菜！」原來是蒜仔炒煙腸，半條煙腸炒1大盤蒜仔片，hit工未到12點，to̍h kā飯包kiat kah清氣liu-liu，因爲飯包內有蒜仔片lām 4-5片薄薄煙腸。原來hit斤煙腸，阿嫂thiau-kang儉2-3條hō Lah-jih做4-5工ê飯包菜。

半世紀前ê往事，蒜薟味lām煙腸芳，熟似ê滋味，sio-lo̍h ê記智，大嫂、二嫂，Jih--ê下昏眞思念你！

〔二兄〕

唱歌ê啓蒙老師(懷念二兄)

Lah-jih _20111108

「Chhơ-loân chiah-nī好，戀愛路中起風波，boeh怎樣？Ai-ioh免煩惱！我愛你，你mā愛我，siong愛情，我ê妹妹！Súi哥哥！每日快樂，好chhit-thô！」

輕鬆唱歌，行tī厝後田岸仔路，家己孤1个，無囡仔伴，歌(旋律)眞好聽，意思無啥bat，ná唱ná挽籬笆燈籠花，都也感覺心適趣味，燈籠花紅紅chiâⁿ-súi，厝前厝後攏有，挽來掐tī手裡，ná像leh掐燈籃火……

「Lah-jih！囡仔人kap人leh唱啥物戀愛歌，bē見笑！」

「Ka-hiông--ē，戀愛歌是saⁿh？人he是阮二兄教我唱--è-neh！」

隔壁內底Ka-hiông--ē加Lah-jih 2年，Lah-jih 讀三年級，伊讀五年級，ná-ē講Lah-jih唱戀愛歌bē見笑？Siáⁿ-mih是戀愛歌？M̄知影？Kan-na知影二兄教chit條歌眞好聽，雖罔意思無了解，m̄-koh足ài唱。Ná-ē講Chhó--ê Loân--ê chiah-nī相好？阮厝內底房仔內有2个查某孫仔叫A-chhó kap A-loân，in兩人ná-ē hō͘人編做歌來唱，koh-khah懷疑？總講一句，chit

條歌唱到讀初中，chiah知影歌詞原來是「初戀chiah-nī好」，有影是戀愛歌都著，實在趣味，m̄-bat歌詞竟然ē-tàng唱幾若冬，唱kah hiah-nī歡喜。

Koh-khah稀奇--ē猶有chit條日本歌，mā是二兄教--è，記智中歌詞是án-ni：「あかいぼたんの　はなびらそめだ　ほろうり　いっしよほが　なみなねぬねぬ　ないちや　いっけなあい　しなりんぎよ　はるわ　やさしく　まだかあえる」，到ta^{n}猶m̄知號做siá^{n}-mih歌名，卻是猶有法度ùi頭唱到尾，歌詞可能有走精，旋律是記kah清清楚楚，日本人轉--去，Lah-jih mā-chiah 4歲足，あいうえおm̄-bat kah牛字，ē-hiáu日語50音仔，是舊年chiah ta^{n}學--niâ。

趣味音樂ná-chhiū^{n}自然生成，阿爸ài挨弦仔，罔聽罔挨罔khioh步數，to̍h比阿兄in khah gâu，二兄hèng唱流行歌，心適興罔唱罔教小弟，小弟大漢koh有影眞ài唱歌，二兄應該算是Lah-jih唱歌ê啓蒙老師。

二兄是古意條直作田人，加Lah-jih 15歲，阿爸作4分厝跤田，大部分攏是二兄tàu做tàu發落，大兄四兄tī阿里山林場做工，三兄hō͘人招，Lah-jih細漢較濟是二兄leh照顧，記上清楚--è to̍h是利用較燒熱ê下晡時，二兄ē hiâ^{n} 1桶燒水揹去厝後柴間仔內kā Lah-jih洗身軀，kui身軀褪光光洗，kā一寡se^{n}-sian la-sam洗洗lut-lut hō͘清氣，平常時洗面洗跤手ê面桶水，m̄是二嫂準備to̍h是二兄phâng--ē。

二兄作田技術眞láu，無論播田挼秧仔、挲草、割稻、擔粟擔、夯粟包，伊攏kài本等mé-lia̍h，有時去kā人借牛來駛田，連he犁田、踏割耙(pē)、踏鐵耙、kài捋筒(loȧh-tâng)攏總無問題，阿爸o-ló伊「實在有khiàng」。除了田園穡頭以外，伊kap阿爸仝款，眞gâu做畚箕、做鴨圍仔、雞chhȯp仔，mā ē-hiáu kā人做茭儲仔(ka-tî-á)、做灶，雖罔無讀冊，頭殼ê變竅，有夠厲害。

畚箕、鴨圍仔、大灶、茭儲仔(ka-tî-á) chia-ê農村器具，攏是桂竹仔做--è，需要去街市買，買好chiah-koh用擔--e拖轉來，做畚箕、鴨圍仔、雞chhȯp仔，需要phòa篾仔，先kā桂竹仔破做幾若liàm，正手1支篾仔刀夾1支ná尺ê篾橋(竹爿仔)，tȯh有法度kā竹liàm破做薄薄ê竹篾仔，ùi竹頭到竹尾，pê^{n}-pāng pê^{n}-pāng bē斷koėh，做ka-tî-á、做灶，著去別人兜做，Lah-jih m̄-bat看過，照講ē較困難，但是tȯh是考bē倒二兄ê才調。二兄hit種變竅ê才能，若boeh是有藝師thang牽教，一定是1个竹藝大師。

「風雲變色風颱雨，煩惱翁婿海南島。」chit-mái若koh hai^{n} chit條台語老歌，tȯh-ē想起二兄，chit條歌mā是二兄教--è，米日戰爭尾期，二兄差1點仔tȯh hông召去做軍伕，hó-ka-chài 2粒原子炸彈解除二兄過南方ê命運，若無，tȯh像叔伯連仔兄án-ni「一去不回頭，藏身何處無tè chhōe」。二兄人koân漢大，40外歲hit-chām，tài痚呴喘(he-ku-chhoán)，tȯh跟綴大兄去阿里山做工兼靜養，講也奇妙，痚呴喘soah斷根好了了，後來伊koh kap隔壁萬順--ê學功夫，眞緊tȯh變成塗水司，疊磚仔、gih磚仔學上手，又koh加一項趁錢ê工夫，二兄tȯh是chiah-nī跤踏實地，chiah-ē飼囝、chhiâ^{n}囝親像--人，

4个後生chiâu-chiâu高工出業，攏有好頭路生活，二兄！你應該感覺歡喜滿足--ho^{n}h！

5兄弟kap阿爸tàu-tīn上濟時間，to̍h是二兄kap Lah-jih，二兄人條直好性地，m̄-koh預顢講話，hō阿爸罵上濟，「大條來--è！」To̍h是阿爸上捷罵ê一句話，俗語講「冬瓜大條好看頭」，看你án-chóa^{n}看，阿爸mā是古意條直庄跤人，tín-tāng-tio̍h to̍h用世俗ê言語phí-siù^{n}二兄，其實伊心內是o-ló較濟。二兄去內山hit-chām-á，做工仔伴mā攏o-ló伊力頭飽，kut-la̍t gâu作穡，山坪有山大人(筆筒樹)，做工仔伴to̍h叫伊「大人」，hit-chūn tī阿里山林場出入ê朋友，叫大兄「縣長」，叫二兄「大人」，有夠心適趣味。

「跳杉池，跳杉池，爲愛情來所致，烏貓、烏狗，招招boeh去死，死了眾人leh看伊；眞可惜，眞可惜，nō人死去kài m̄-tio̍h，結局死去，人soah愛笑，枉費細漢pē母育。」

Ná唱ná思念，Lah-jih唱歌ê啓蒙老師 —— 二兄，一時soah目箍紅紅，目屎含目墘！

〔二嫂〕

二嫂 感謝你

Lah-jih _20130528 tī 崁頂厝 -- 裡

2013年5月17日，咱人4月初8下晡，厝 -- 裡敲電話來，講二嫂boeh轉 -- 來，知影二嫂已經行到人生終點boeh轉 -- 來祖家聽候阿彌陀佛ín-chhōa西方，隨時趕轉厝 -- 裡。等到5點56分，二嫂ùi台南轉來到崁頂厝 -- 裡，看你平靜安祥tī公媽廳內歇睏，喘氣有淡薄仔急，面容安祥ná睏眠，你ê囝孫圍tiàm你身邊，細聲安慰鼓勵你，m̄-thang驚惶、m̄-thang掛心，若有tn̄g-tio̍h阿彌陀佛無量光，你to̍h勇敢綴伊行，到7點0分呼吸已經恬恬停止，你ê後生、新婦、囝孫kap Jih--è跪tiàm你ê面前，親目看你決心行向西天極樂世界，無koh留戀憂悲惱苦人間，面容是hiah-nī自在慈祥，hō阮心內充滿喜樂kah m̄甘。歡喜二嫂行向佛道，m̄甘你來離開。阿彌陀佛！

二嫂！想起咱兄嫂細叔結緣tī 65年前，你kap二兄結婚彼一工，Jih--è taⁿ滿7歲，懵懵懂懂m̄-bat世事。講 -- 起來Jih--è實在是歹命囝，才足4歲 --niâ to̍h失去老母，是好佳哉大嫂已經嫁來咱兜，才hō伊「嫂兼母職」，kā Jih--è ùi幼兒chhiâⁿ大到入學讀冊，因爲大兄出外tī阿里山，大嫂才chhōa細囝綴伊入山煮三頓，mā因為二嫂你嫁來咱兜，Jih--è ê日常生活，才換你來照顧三頓、洗盪，ùi國校一年到初中三年chit中間，m̄知hō͘二嫂費了jōa濟精神kap勞苦，每擺若想起hit-tang-chūn，to̍h感覺非常感恩，若m̄是因為大嫂、二嫂ê慈悲愛心疼惜，Jih--è m̄知會變成siáⁿ-mih款人生。

想起細漢時，二嫂除了操煩三頓煮食、養飼細囝以外，koh-tio̍h去山頂抾柴，日常生活m̄-nā幫Jih--è洗衫、補紩，mā時常教Jih--è做人道理，著愛認眞讀冊，m̄-thang放蕩學歹。Ē記得讀4年仔時，有一站仔綴人學講lap-sap話，是二嫂你用一句「未做niû先做kán」來提醒我，才hō͘ Jih--è一世人m̄敢kā人kiāu，m̄敢講lap-sap話。二嫂mā足疼Jih--è，若有厝邊隔壁hēng餅，你to̍h用鉸刀鉸做1塊1塊囥tiàm米甕仔內，留leh hō͘ Jih--è慢慢仔食，若有親情送ê等路、四秀仔，你攏m̄甘食，仝款儉leh hō͘ Jih--è慢慢仔享受。早時咱崁頂庄時行keⁿ楊麻布，Jih--è會曉鬥撚楊麻，每擺若賣楊麻布，二嫂to̍h kā Jih--è做身穿，囥銀角仔tī梳妝鏡屜內，叫Jih--è家己提去買物，有一擺路--裡抾著10箍銀，二嫂to̍h加添幾若箍，鉸布做衫hō͘ Jih--è穿，足濟足濟ê疼心kap愛，boeh講感謝ê所在講bē了。

讀補習班kap初中hit-chām，是上勤苦ê一段人生，二嫂mā陪Jih--è tòe-leh辛苦，逐日早早出門晏晏轉ê苦讀，二嫂著需要早早煮飯，暗暗才會當歇睏，hit-chūn去彰化讀冊，著坐透早6點ê火車，5點半著愛出門，為著早頓kap款飯包，二嫂to̍h-ài 4點半起來煮飯，暗時Jih--è 7點才入門，二嫂tio̍hkoh伺候Jih--è食暗頓了後，才會當歇睏，有人多端使弄你「chhiâⁿ細叔無人情」，二嫂！你m̄-nā無受煽動，卻是歡喜陪伴Jih--è過「三更燈火五更雞」，1日閣1日，連紲2,3冬，實在chiâⁿ辛苦，m̄-bat有怨言。

講Jih--è歹命，是因爲細漢無老母，m̄-koh有大嫂二嫂ê疼惜，窮實講實在是眞好命，Jih--è會當平安快樂大漢，完成學業做老師，幼茈心靈有大嫂ê疼命命，讀冊勞苦有二嫂ê陪伴，感恩ê話講bē盡，恩情大如天，Jih--è會永遠記在心。

二嫂！你行向佛道ê心堅定，無閣回頭，兄嫂細叔俗緣已經到，Jih--è mā無閣想boeh報答，可是人間緣了情未了，Jih--è只好kā二嫂ê好、二嫂ê疼、二嫂ê愛，永遠記tiâu-tiâu，永遠懷念tī心頭。阿彌陀佛！

〔二嫂〕

門縫ê祕密

Lah-jih _20121028

好奇是學習ê動力，有動力chiah-ē認眞學習。

Ài-sńg是天性，ài-sńg ê心chiah hō͘學習bē ià-siān。

「二嫂！你間仔門ná-ē關密密，boeh創啥？」

「照卵--lah，屘叔仔！塗跤有卵，m̄-thang踢--著。」

「二嫂！ Ná-ē boeh照卵？」

「chhiō看卵有hêng--bō！」

囡仔時代崁頂祖家正身護龍攏是竹管厝，阮tòa南爿護龍，向北，熱--人下晡5點外仔，日頭猶tī正身後 北爿竹模尾溜頂koân，小可西照日，tú好照著人客間仔，關--起來ê竹篾仔門扇縫，chhiō入小可chhāk目光線，soah kā門縫雞卵chhiō kah thang光，ē-tàng看著內面。

二嫂倒手3支指頭仔thán雞卵，正手手蹄chah雞卵téng-koân光線，倒手指頭仔一直ûn-ûn-á kā雞卵sėh圓箍仔：

「屘叔仔！你目睭金金看，看雞卵內面有siaⁿh？」

「紅紅，白白，黃黃。」

「猶有siaⁿh？」

「有1絲1絲紅紅ê sûn！」

「著！He叫做牽紅筋，to̍h是有hêng ê雞卵，ē出雞仔囝。」

10外粒卵chiō了，11粒有hêng，2粒無hêng，二嫂講：

「有hêng--ē繼續hō͘雞母孵，無hêng--ē提來煎菜脯卵。」

二嫂嫁來阮兜已經4,5冬，Lah-jih讀國民學校一年仔開始，to̍h攏是二嫂煮飯hō͘ Lah-jih食，kā Lah-jih洗衫，招呼Lah-jih教che教he，hō͘ Lah-jih bat che bat he，罕得大聲、罕得責備，斯當時大兄大嫂kap四兄攏tī阿里山，三兄hō͘人招，tòa-tī山跤，厝內to̍h chhun阿爸、二兄二嫂、Lah-jih kap猶食奶ê孫仔沙彬，作穡有阿爸kap二兄，田裡khang-khòe kap做鴨圍仔、畚箕、雞chho̍p仔，三頓煮食、抾柴、擔水、洗衫、飼豬……攏是二嫂發落，加減mā會叫Lah-jih tàu-sio-kāng，Lah-jih mā眞乖，聽話tàu跤手。

「尾叔仔！卵，二嫂提去囥，門，你chiah kā開--開！」

「好！」

話講好，並無隨時開門，因爲tú-chiah有影著一个趣味ê風景印tī塗跤，想boeh看一个眞，有「影」tō-tio̍h，he影koh-ē振動--neh。Ah！He是刺竹模ê竹尾leh搖，phah開門扇看西北爿正身後，刺竹模hō͘風吹kah竹尾搖來搖去，趕緊入來厝內關門koh看，眞正是外口竹模ê影--neh，ná-ē chiah奇怪chiah心適。天光日招囡仔伴來阮兜，表演一幕電影hō͘ in看，逐家看kah眞怪奇，有人發現he竹影是顚倒péng--è。

顚倒pái[n] ê好奇ín-chhōa阮倒頭栽看風景，peh樹仔用跤鉤樹椏倒頭栽，hài[n]鐵枝仔(單槓)倒頭栽，the[n]-tiàm椅條頭倒頭栽，開跤彎腰àⁿ落低看尻川外ê風景，攏siâⁿ阮做了閣再做，bē厭siān。Ē記得四兄hō͘ Lah-jih 1袋玻璃珠仔，he是sńg珠仔、Tiak珠仔ī ばんざい siōng-kài重要ê寶貝，chit袋珠仔內底有一粒眞特別眞罕有--ē，比一般珠仔較細粒，淺淺水藍色，通光像水晶玻璃，ē-tàng chit爿看thàng過hit爿，奇怪--è是看thàng過--è m̄是物件ê眞面目，是對面景色顚倒péng koh縮小ê寫眞，細啚細，m̄-koh眞tú眞，chit粒透明thang-kng ê寶貝珠仔，從來m̄-bat tàn落塗跤sńg，kan-na tī好奇kap展寶時，chiah-ē提出來sńg-sńg看看--leh。

Chit个門縫ê祕密kap珠仔顯影tò-páiⁿ ê原理，to̍h停留tī好奇好sńg心理，1日過1日，一直到讀初中chiah得著解說。

三　兄

Lah-jih _20121020

老人愛回想，想起囡仔時代tī田中第一國民學校讀五年--ê ê時陣，有一工拜六中晝，放學boeh轉--去，經過景崧病院、行過菜市仔門口，雄雄後壁傳來熟似「Jih--è！Bōe轉去！」ê叫聲，越頭一看，果然無錯，是三兄，是三兄tī菜市仔門喙leh hiu，心內歡喜大聲叫「三兄！」Tóh斡倒轉去菜市仔門喙。

「Jih--è！ 咱入來去市仔khok-á-te擔食khok-á-te kap chìⁿ粿。」

1盤khok-á-te、chìⁿ粿食了，三兄to̍h chhōa Lah-jih去雜貨仔店買草笠仔，「天氣chiah-nī熱，買1頂草笠仔戴，chiah-bē熱--著！」

Hit-tang-chūn知ûn-chōa ê Lah-jih每擺放學行過街路，攏ē足期待tn̄g-tio̍h三兄，因爲tn̄g-tio̍h三兄一定有食koh有掠。

講到斯當時囡仔時代，家庭散phí-phí，阿爸作kah 4分厝跤田，雖罔二兄kin-tòe tī身邊，穡頭做bē-soah，m̄-koh收入有限，難得有閒錢，每冬收成是利不及費，m̄-chiah大兄四兄著出外趁食，pún-chiâⁿ三兄mā跟隨大兄去阿里山，攏是玍姑做得來，三兄chiah-ē去hō͘人招，hō͘人招是不得已，m̄是kài好名聲，10个hông招，9个無地位。玍姑嫁tī普興庄，kap親家親姆tòa仝庄，玍姑kap親姆眞má-chih，是透過玍姑kā阿爸三ko͘-chiâⁿ四ko͘-chiâⁿ，chiah講好chit層姻緣，「5个後生1个hō͘人招，koh-sī隔壁庄，koh-sī kap阿姊好姊妹，好--啦！」一聲「好--啦」，阿爸chiah勉強答應。自按呢tī阿里山做工ê三兄，一時hông叫轉來，hit年1951年，三兄22歲，三嫂24歲，三兄boeh離開阿里山時，大嫂是m̄甘tiuh-tiuh，因爲三兄kut-la̍t體貼，ē幫大嫂tàu做khang-khòe，轉來hông招ê三兄mā m̄是hiah-nī願意，總--是老爸意思m̄敢忤逆，to̍h較苦仔去tòa別人兜，kap素不熟面ê三嫂洞房，60年前ê婚姻風俗to̍h是按呢，媒人牽線，新人無意見，pē母同意，見一擺面也好，約會2擺也好，洞房半暝後to̍h「鳥鼠leh食咱兜ê粟」，已經成做一家。

無錢娶有某，三兄tòa去三嫂兜，認份kut-la̍t，phah拚穡頭，丈人兜作有9分水田，大查某囝嫁出，二查某囝招婿，因爲細囝細漢，厝內大細項代誌放hō͘囝婿發落，厝內加一个kut-la̍t phah拚ê後生仔人，家庭自然較有活力，種作收成增加錢水活，丈人丈姆自然歡喜笑哈哈，歡喜揀著一个好囝婿。隔轉年大囝出世，hit年是龍年，早冬粟仔taⁿ入倉，細漢舅仔萬來--ê 16歲，開始無閒駛牛犁田踏割耙，準備穩冬播田插秧仔khang-khòe，「天有不測風雲」，雷公熾爁gia̍p-gia̍p-si̍h ê一个下晡時，1聲脆雷拍斷陳--家ê香爐耳，mā註定三兄著tòa陳--家一世人。Hit聲脆雷lak-tī俊--è in田--裡，駛田踏割耙ê少年囡仔to̍h是三兄唯一ê細漢舅仔，陳--家孤丁。

人死bē-tàng閣活，喪事進行中，陳--家無囝閣無孫，如何排解，如何是好？無嗣是悽慘代，總--是ài有phâng斗孫，三兄三嫂ê後生是蕭--家ê孫，因爲囝婿招入有契約，「娶出招入」，意思是姓蕭--ê娶某，暫時tòa-tiàm丈人兜，m̄是贅婚姓蕭改姓陳，這是斯當時阿爸答應ê「底限」，taⁿ有影代誌大條，陳--家拍算boeh kā外甥寫hō͘阿舅傳嗣做囝兒，外孫變內孫，姓蕭換姓陳，陳--家主意掠定，to̍h吩咐人請阿爸去參詳，阿爸表示「無可能to̍h是無可能」，親家親姆一再懇求，chiah勉強一句「隨在lín發落」，to̍h「打道回府」，人都猶未踏入厝內，消息已經傳到：「人in房仔內序大出來擋：陳--姓敢無囝孫，是按怎著thn̂g in姓蕭--ê？」阿爸開始se̍hseh念：「ah-soah m̄知--ê，無可能toh是無可能。」「ah-soah m̄知--ê，無可能toh是無可能。」Ná像對伊ê決定有先見之明，感覺足有尊嚴--ê。

親家親姆眞chiâⁿ看重三兄，一直m̄甘契約到期toh hō͘ in翁某轉去蕭--家，阿爸mā無執訣著照契約行，人都孤後生無--去--à，需要kā人體諒--一下，三兄三嫂toh繼續陳--家toà落去，11冬後，三嫂生第二後生、第三後生，toh攏thn̂g-hō͘陳--家做孫，房仔內序大mā無理由反對，一家口仔算是幸福美滿，三兄mā ná像chit家口仔ê大後生。雖罔丈人丈姆疼命命，m̄-kuh若牽涉著陳--家公族大細項代誌，三兄toh piⁿ啞口無聲，無立場thang講話。上hàm--è是親家親姆koh kā細漢查某囝也招翁配婿，1家口仔2囝婿，m̄知boeh按怎協和互動？親家ê如意算盤m̄知按怎tiak--è？

三兄kut-lat phah拚koh hō͘人ē交仗信任--得，對蕭--家厝內mā眞照顧，足體貼阿爸無錢thang用ê鬱卒，時常幫贊金錢貨物，親家親姆mā眞支持三兄按呢有孝序大，m̄-nā bē khe-khó，koh-ē時常關心。田--裡割稻送米粟，園--裡收成送果子，若有刣羊，一定揀好份hō͘阿爸補，tn̄g-tioh年節拜拜抑是割稻仔辦桌，一定ē叫阮去食腥臊，親家親姆攏笑微微招呼，看做家己，m̄-chiah兩家來來去去攏眞靠俗。

親家兜田園有較大作(tōa-choh)，親家家己飼一陣羊，每日趕羊草埔食草，趕羊回tiâu toh眞無閒，m̄-chiah田裡khang-khòe，對外hak貨買物，大部分攏是三兄發落，三兄m̄-nā kut-lat閣眞有計畫，伊kā部分水田改種弓蕉，kā飼山羊改換飼乳羊lu̍t羊奶賣，增加bē少收入，經過幾冬phah拚，m̄-nā錢水活，閣替陳--家hak幾若分地。

眞正m̄知親家親姆ê如意算盤是按怎tiak--è？大囝婿事業失敗，大查某囝kap一陣囡仔轉來後頭暫tòa幾若冬，三兄無立場講話，三嫂mā無計較，是按怎koh kā細漢查某囝招翁入門？本chiâⁿ和樂ê家庭自按呢計較、sio-hōe、冤家時常發生，三兄鬱卒心情聽伊講話to̍h ē-tàng了解，只是hō͘人招婿實在無立場thang講話khe-khó。三嫂mā是有量ê人，何況是家己姊妹，唸罔唸，有pē母做主，mā m̄敢傷計較。

雖罔Lah-jih細漢歹命無老母疼，佳哉頂有4个阿兄攏眞疼惜，大兄大19歲，二兄大15歲，三兄大12歲，四兄大9歲，hit-chūn大兄四兄規年迵天攏tī阿里山做工趁錢，二兄tī厝--裡kin-tòe阿爸作穡，三兄是去hō͘人招，tòa-tī丈人兜，人in丈人丈姆是疼命命，發落田裡種作kap買賣厝內用品家私kài自由，離厝--裡chiah 1公里遠，來來去去ná-leh行灶跤，對細漢小弟ê關心眞實際，m̄是買物to̍h是hō͘ Lah-jih錢，囡仔人若有錢買物、有thang sńg，不時mā眞歡喜，大漢出社會趁錢了後，三兄mā是全款hiah-nī關心疼小弟，不時都：

「Jih--è！明仔載三兄hia leh做冬尾戲，你學校下班後to̍h直接來食腥臊。」

「Jih--è！三兄挽一寡龍眼，你chiah騎鐵馬來載。」

「Jih--è！禮拜日boeh at甘蔗，你chiah招朋友來giâ chē轉去食。」

三兄是Lah-jih一生siōng-kài重要ê貴人，hit年若m̄是三兄提30箍hō Lah-jih去相館翕相，去報名田中國民學校補習班招考，to̍h無機會繼續讀冊，閣因為阿兄阿嫂ê sio-kēng，chiah有後--來做老師教冊ê蕭平治老師。

〔三兄〕

剉甘蔗

Lah-jih _20140319

文：蕭平治　　相片：蕭文章

三兄種ê甘蔗teh-beh剉，吩咐Lah-jih著去食甘蔗，順紲tàu巡頭看尾，m̄-thang hō͘人偷giâ偷iap siuⁿ過濟。兩分外地ê紅甘蔗，人外koân、直lak-sak、tong大支，三兄ê phah拚得著好收成，ta̍k-ê o-ló：「意仔叔確實gâu顧！」

三兄作穡頂眞phah拚，ùi選蔗種4簕3目開始到牽網仔chȧh風，插柱仔縛篙仔，chit一年外來，不sám時to-ē khoàiⁿ三兄tī甘蔗園裡淹田、沃水，培壟、om塗，hē肥、pak蔗箬，特別tī甘蔗已經chiâⁿ人懸ê時，著愛tī外圍牽網仔chȧh風chȧh日頭，koh-tio̍h tī四周圍chhāi柱仔，用桂竹仔kā甘蔗1壟1壟kah-kah--leh，hō͘甘蔗ē-tit lōng-ko直欉koh大支，直koh大支ê甘蔗，𪜶款賣較有錢，人講埔里甘蔗眞出名，原因是埔里是山窩地形，無風無搖甘蔗自然直，m̄-koh猶是感覺三兄種ê「大籦紅」較好食，m̄-nā清甜koh眞phò，連甘蔗頭ê甘蔗目都chhè-chhè，眞好gè，眞好哺。逐家歇睏時揀he短節曲痀ê甘蔗，用溝仔水洗洗--leh，免削皮to̍h嚙kah笑bún-bún，「紅布包白布，一喙食，一喙吐。」食soah，7-8个工人koh繼續作穡，有ê剉甘蔗，有ê修蔗根剁蔗尾，捆捆縛縛做一捆，m̄-boeh成百斤，用量仔量好登記好，to̍h夯chiūⁿ路邊牛車，mā有he熟似庄裡ê庄跤店仔注文1把2把，家己夯轉去賣。三兄顧看秤花kap記斤兩，Lah-jih甘蔗ná嚙ná巡ná hoah聲：

「he súi--è留leh hō͘阮賣，boeh提提he短節曲痀--ê！」

「Kā恁lo一寡蔗尾hō͘阮ê牛食！」

「好--lah！」

「â！M̄-thang kā阮提hiah-chē--lah！」

三兄做人算是分張，m̄-koh chia提--一寡，hia lo--一寡，損失bē少，tn̄g-tio̍h小貪--ê，無kā阻擋，實在ē好款，講也莫怪，散赤田庄所在，爲著食，總--是ē有一寡「無惜面底皮」ê人，hoah罔喝，tòng罔擋，猶是目睭金金看人giâ leh走。

下面紹介一寡kap甘蔗有關ê語詞、動作：

1、 Chhah kam-chià(插甘蔗)：kā甘蔗尾仔節，剁一節2目3箇抑是4箇3目ê甘蔗節做蔗種，平坦掩(om)tiàm塗內，經過淹田沃水，2个目to̍h-ē puh-íⁿ。

2、 Chhò kam-chià(剉甘蔗)：甘蔗插了後，經過1年抑是年半to̍h會使得收成，工人攑蔗keh仔Chhò kam-chià(剉甘蔗)，ùi塗肉ê所在剁斷。

3、 Chià-keh-á(蔗鍥仔)：割草用草鍥仔，L形；剉甘蔗用蔗鍥仔，J形，刀尾鉤鉤，ē使得kā甘蔗鉤倚身軀邊。

4、 Pak chià-ha̍h-á(剝蔗箬仔)：甘蔗大欉需要kā蔗箬仔pak hō͘光生，pak落來ê蔗箬ē-tàng hiâⁿ火。

5、 Chià-to(蔗刀)：刀形， 1刀2用，刀喙ē-tàng削、剁，刀肉有瓜刨仔，ē-tàng用刨削方式，眞方便。

6、 Siah kam-chià(削甘蔗)：較早用蔗鍥仔削，需要技術，chiah-ē kā甘蔗皮削薄薄；chit-mái用蔗刀刨，緊koh方便。

7、 Lan chià-kin(Lan蔗根)：剉--起來ê甘蔗頭猶有根著削掉，koh bē使得傷著甘蔗皮，所以tio̍h用拍魚鱗ê方式處理，叫做Lân chià-kin(lan蔗根)。

8、 Siu chià-kin(修蔗根)：lan蔗根mā講做修蔗根，修hō͘好看頭。

9、 Cháⁿ chià-bóe(斬蔗尾)：甘蔗尾需要kā bē甜部分剁掉，蔗刀攑chhu-chhu，剁/phut--落去to̍h好。

10、Tok chò koe̍h(剁做橛)：1支甘蔗boeh分做2節3節，用cháⁿ--è歹看樣，需要刀kap甘蔗成直角剁。

11、Chhiat chò koe̍h(切做䕴)：短節boeh分做2䕴，需要khǹg tī枋仔頂切。

12、Chûi chò koe̍h(chûi做䕴)：�San圓箍仔sè-jī切叫做chûi。

13、Khún kam-chià(捆甘蔗)：甘蔗1支1支ná竹篙，頭尾需要捆捆縛縛，較好搬徙。Mā講做Pa̍k kam-chià(縛甘蔗)。

14、Thiu kam-chià (抽甘蔗)：ùi kui捆甘蔗抽--出來。

15、At kam-chià(at甘蔗)：無用刀，直接at斷。

16、Chià-hông-á(蔗黃仔)：未熟ê甘蔗，小可ē甜，ē食得。

17、Pû kam-chià (炰/烰甘蔗)：用火pû hō͘燒，有無仝款氣味。

18、Suh kam-chià thng(吸甘蔗湯)/Phùi kam-chià phoh (呸甘蔗粕)：甘蔗tiàm喙內哺，kā汁suh入腹肚內，kā粕phùi出喙外。

19、Kam-chià chin-ti^n(甘蔗眞甜)/Kam-chià bē-ti^n(甘蔗袂甜)：甘蔗好食雙頭甜。Bē甜甘蔗鹹鹹。

20、Kam-chià siu^n-tēng(甘蔗傷有)：siu^n-tēng oh哺。頭khah-tēng。

21、Kam-chià chin-phò(甘蔗眞phò)：phò，to̍h是有湯閣有chhè[脆]。好哺好食。

22、甘蔗眞phò大箍紅：一種品種，大箍、phò、好食。

23、Kam-chià làu-ham(甘蔗落篏)/cha̍t-ham(甘蔗實篏)：甘蔗1目1目叫做1篏1篏，篏長叫làu-ham，篏短叫cha̍t-ham。

24、Khè kam-chià(齧/啃甘蔗)；Gè kam-chià(囓甘蔗)；Chia̍h kam-chià(食甘蔗)。

25、Giâ kam-chià (夯甘蔗)；Ká kam-chià chiap(絞甘蔗汁)；

Âng kam-chià(紅甘蔗)做四秀仔食；Pe̍h kam-chià(白甘蔗)製糖。

26、Phòa kam-chià(破甘蔗)：這是一種相輸(跋輸贏)ê趣味比賽，kā蔗頭蔗尾chûi(se̍h圓箍仔削斷)hō͘平平，chhāi塗跤，蔗尾用蔗刀khòe--leh，然後相準準ùi面頂破--落去，1刀破做2爿算贏，贏--ē得甘蔗，輸--e納錢。先有人揀甘蔗hō͘人phòa，chiah有自認有把握ê人去phòa，通常贏--ê ē分一半hō͘輸--ê。

27、Khōng kam-chià(khōng甘蔗)：先有人揀一支甘蔗，頭尾chûi hō͘ chê，chiah ùi中央部位剁1刀，刀肉tiâu--leh，並倚壁邊，然後隨人出鬮，有ê liàm草仔枝，有人用番仔火支、番仔火囊，唱明2橛甘蔗差jōa長，出鬮好勢，kā甘蔗chûi斷相比，上接近--ê贏，差上濟--ê輸，贏--ê得甘蔗，輸--ê納錢，通常贏--ê ē分一半hō͘輸--ê。

28、甘蔗ê禮俗：嫁查某囝，陣頭著縛2欉甘蔗，連根tài尾，有頭有尾、節節高升、大葩尾。

29、Nn̂g kam-chià-hn̂g kau(甘蔗園溝)：參加考試考無tiâu，見笑ùi甘蔗園轉--去。

30、「Kah君約tī甘蔗溝，蔗葉拍結做號頭，夭壽啥人kā阮敨，害阮1人nn̂g 1溝。」

31、第一戇，種甘蔗hō͘會社磅。

〔四兄〕

四兄ê修了證書kap思ひ出

Lah-jih _20150825

修了證書

臺中州

蕭順強

昭和七年三月十日生

國民學校初等科ノ課程ヲ修了セシコトヲ證ス

昭和二十年三月十七日

臺灣臺中州公立田中國民學校長 正七位勲六等 山口勝利

第三二六六號

四兄ê畢業證書，已經保存70年久，猶原新chhak-chhak，表示四兄goǎ-nī寶貝chit張文書。四兄出世佇日本時代，讀冊佇戰亂時期，ná讀ná覕防空壕，實在m̄-chiâⁿ讀，m̄-chiah大漢了後to̍h綴大兄去阿里山林場做集材工仔，扞機器、鉤柴、運搬、記siàu攏ē-hiáu，是大兄放心ê助手。5个兄弟tȯh算四兄上古意老實，m̄-bat看伊kap人冤家相罵，bē-hiáu講白賊話，m̄-bat偏--人，除了pok薰以外，lim酒、跋筊是眞罕得有--ē，食穿眞chhìn-chhái，做人bē曲敧，人人好，人人呵咾。因爲有4位兄哥kap 4位阿嫂疼惜照顧，Lah-jih chiah有才調佇社會徛起，做老師教育學生，兄哥疼小弟，小弟mā尊敬兄哥，5兄弟感情ê好，無人ē-tàng比並。今，四兄功德圓滿m̄ kap人間續緣，小弟珍惜chit段因緣，永遠ē記得兄弟感情歡歡喜喜，願 四兄離苦無憂，歡歡喜喜行向極樂世界ê彼爿岸。阿彌陀佛！

四兄出世tī昭和七年(1932)，昭和二十年三月田中國民學校卒業，我出世tī昭和十六年(1941)，四兄加我九歲，伊國民學校卒業時，我猶未四足歲，米國B-29當leh爆擊掃射，五日節前一工，ī--ā tȯh來往生，連做司公超渡功德都因爲掃射煞來中斷，眞正不幸bô-siá-sì ê年代。

讀過六年國民學校ê四兄，實在有夠頇顢，m̄-bat聽伊講過一句日本話，阿爸tī--leh ê時，tȯh bat按呢講：「講kah chit-ê Kiâng--ē--hoⁿh，有夠頇顢，讀六年冊，kan-na bat-tī暗時叫伊起來放尿，眠眠kā我應一句なりか？」

Chit張修了證書，除了色水變黃以外，kui張無缺角，無bak烏，ká-ná新--e，ē-tàng了解四兄寶貴珍惜ê心思。

《思ひ出》:

這本卒業記念冊，四兄保存kah好勢好勢，驚做phah-m̄-kìⁿ，10外年前提出來hō͘我保存，ùi這本《思ひ出》ē-tàng hō͘咱想起70年前田中國民學校ê記智，kap我60年前印象精差無外濟，仝款校門，仝款教室，仝款辦公室，仝款禮堂，只是樹木有較大欉。

學校門chiâⁿ婧，叫做まなびやの門，學校門正爿有3棟教室，包含現此時ê網球埕kap徛家厝；學校門入--去正對面是辦公室，辦公室兩爿lóng是教室；辦公室南爿一間福利社，koh過是禮堂，禮堂兩爿是教室；koh南爿是運動埕；運動埕東爿是魚池，西爿有xx室？南爿有兩棟教室，閣過to̍h是田地，校園不止仔闊。上南爿hit兩棟教室，1955年割hō͘taⁿ成立ê田中初中做教室。

△冊皮：

皇紀二千六百五年　昭和二十年三月　田中國民學校

《思ひ出》(思想起 卒業紀念冊)

初等科第三十一回(5班)高等科第二十一回(1班)

(這屆卒業生是日本教育上尾屆。)

△學校門：山口校長先生、校旗、まなびやの門。

▲皇紀二千六百五年 昭和二十年三月，是1945年3月，已

經是日本時代尾期，mā是皇民化ê尾聲，田中國民學校日本教育ê結束。

△方先生：教師名單kap寫眞しゃしん[相片]

除了山口校長先生是內地日本人以外，台灣籍ê查埔老師有21个，查某老師有14个，改換日本名有12个。

我熟似ê老師有：魏朝其、黃木杞、黃龍江、蕭向西、陳百年、中山紘一(孫水波)、鄭來生、田川達三(陳允成)、陳時英、許金潭。

先生方

古城義鉦　陳百年　蕭向西　黃龍江　謝桐淮　鄭清安　田中茂雄　許遠富　董海璣　蕭知高　黃木杞　魏朝共

高見澤八重子　陳氏綢　孫氏錦枝　中川澄子　荒正子　林氏碧雲　有村ヤス　黃氏錦花　富山久美子　岡田三惠子　張氏淑絹　楊氏玉梅　周英美子　陳氏碧霞

許金潭　陳時英　鍾波馨　張連富　山口勝利　田川達三　丁瑞甲　鄭來生　大野清延　中山紘一

▲初等科第三十一回卒業有5班，計共查埔學生208人，查某學生95人，改換日本名有11人。Ē-tàng看出斯當時男女教育ê差別是2：1。

一組男58；二組男62，改日本名2；三組男61，改日本名1；四組男27、女33，改日本名2；五組女62，改日本名6。計共：男208，女95，改日本名11。

△初等科第六學年一組學生名單kap寫眞しゃしん[相片]

初等科第六學年一組

謝樹[illegible]　吳孫丁　張吉林　許森永　許英賢　蕭景祥　胡溪仁　張磐[illegible]　謝新潤　卓其財　尤木印

盧文傳　蕭木坤　陳伯端　謝玉石　蕭昌欽　蕭昌詮　賴木筆　周瑞南　黃治勝　李文展　卓江源　蕭巽雄　王[illegible]輝

許寵獻　葉木水　曾木[illegible]　謝章欽　陳[illegible][illegible]　王明端　許木湧　詹昭興　陳炳勳　曾[illegible]巽　黃清宜　謝參

蕭松溪　蕭昌篤　蕭榮義　蕭宗庭　陳慶陽　陳時英　卓新從　賴坤土　陳國基　蕭造成　葉得陽　陳義文

邱勝雄　簡木生　張玉[illegible]　張如松　黃柏華　黃茂旗　蕭興喜　黃茂[illegible]　林文瑞　王玉振

△初等科第六學年二組學生名單kap寫眞しゃしん[相片]

初等科第六學年二組

孫仲謀　劉甲乙　山田武雄　謝武西　吳炳森　吳根炎　許英慧　賴再壽　謝豐蒔　許西東　尤同慶　林丁財　許炳聰　黃得中

盧東海　許萬生　蘇啓明　卓道　曾炳章　許錦坤　魏伯路　陳宏談　陳義助　王清澤　許蒼傑　王武福　魏梓楠　王豐隆　蔡振興

蕭振德　陳西海　黃文甲　謝興旺　陳居萬　施耀從　謝銘華　蕭家華　陳超　蕭炳田　賴金象　謝宗賢　謝樹林　蕭金枝

陳坤樟　蕭炳讚　蕭昌和　賴再明　林德燦　中山角雄　蕭天養　許木生　鍾耀評　潘安東　曾甲辰

黎茂己　蕭慶松　林份　陳欽炳　黃世輝　張姚富　山口紋長　田川進三　蕭家再　許義發　曾慶祥　蕭昌根　賴金昭

△初等科第六學年三組學生名單kap寫眞しゃしん[相片]

第五排→第8个穿烏色是四兄蕭順強。我熟似--ē有：蕭賜源、林子昭、魏慶木、陳見仁、孫國華、蕭永賢。

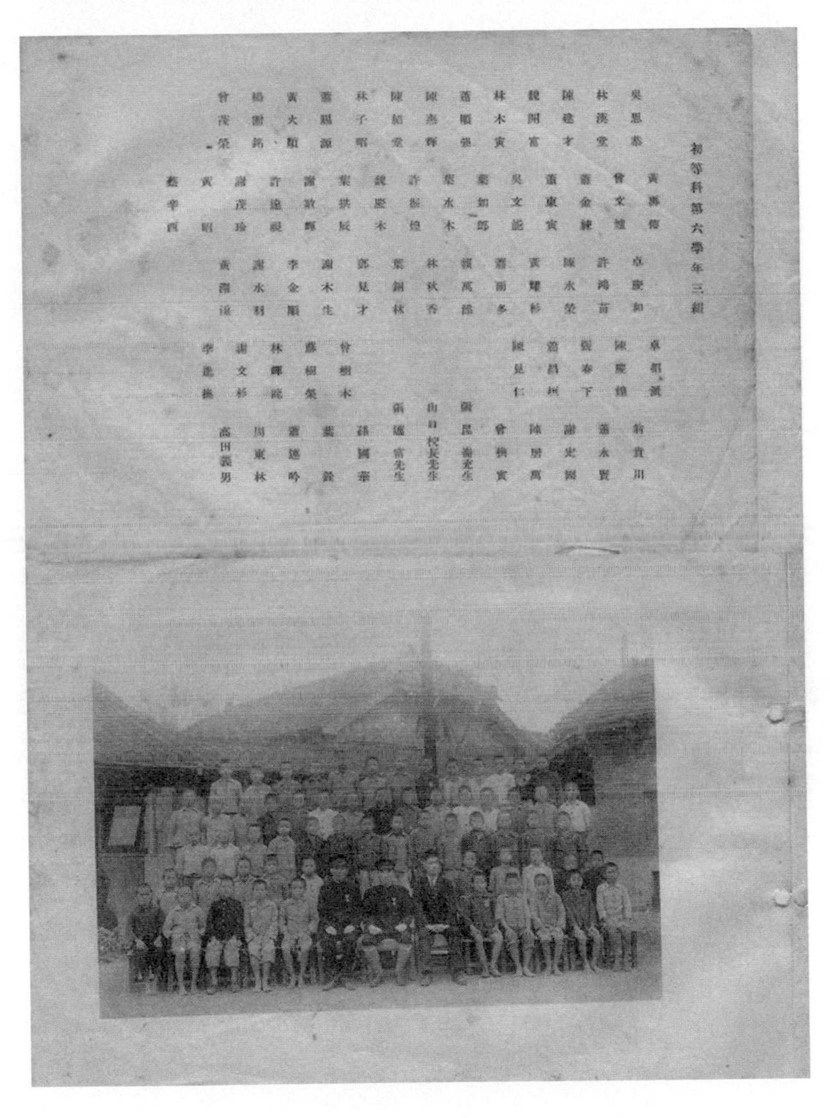

初等科第六學年三組

吳思恭　林漢堂　陳建才　魏開富　林木寅　蕭順强　陳杰輝　陳炤堂　林子昭　蕭賜源　黃火順　楊樹銘　曾茂榮

黃滿傳　曾文煌　蕭金練　董東寅　吳文能　葉如郎　葉水木　許振煌　魏慶木　葉拱辰　謝欽輝　許[illegible]　謝茂珍　黃昭　蔡辛酉

卓慶知　許鴻苗　陳水榮　黃耀杉　蕭爾多　張萬孫　林秋香　葉銅林　郭見才　謝木生　李金順　謝水利　黃潤滾

卓[illegible]漢　陳慶煌　張春下　翁昌炳　陳見仁

曾樹木　蘇梧榮　林輝龍　蕭文杉　李進換

新貴川　蕭永賢　謝忠國　陳居萬　曾煥寅　昆壽光先生　山口校長先生　[illegible]富先生　孫國華　葉銘　蕭德吟　周東林　高田義男

△初等科第六學年四組學生名單kap寫眞しゃしん[相片]

初等科第六學年四組

許氏季丹　蕭氏碧霞　蕭氏純　黃氏昭　湯氏季環　張氏閃　陳氏荼　蕭氏算　鈴木美智子　蔡氏甚　巫氏繡鳳

蕭氏鑾來　陳氏珠　秦氏御珠　曾氏月柱　魏氏碧娟　王氏碧霞　蕭氏季屏　陳氏鈹　蕭氏满　謝氏鳳蘭　蕭氏燕　陳氏秀貫　歐氏櫃鶯　福間明子　蕭氏碧玉

陳東科　陳秋霖　謝憲燈　黃天鈞　陳炳楠　陳路來　張强　蕭氏淑女　陳氏月雲　陳氏玉英　魏氏那珠　陳氏珍　魏氏錦美　張氏定妹

黃德尊　游文記　蕭肇禮　李嗣全　郭伯松　卓參　鄭添旺　簡興木　蕭倫仁　陳秋火

楊登路　游清雲　黃義滿　陳振亨　鄭清標　張達富先生　山口校長先生　鄭來生先生　黃松野　周多歡　謝王許　黃銀池　謝朝欽

△初等科第六學年五組學生名單kap寫眞しゃしん[相片]

初等科第六學年五組

蕭氏勤　王氏玉燒　蕭氏文貢　謝氏秀英　劉氏枝　陳氏甜　卓氏月　許氏蕙　山本美惠子　陳氏蜜　陳氏絨　張氏寶琴

黃氏彩鳳　劉氏柔　謝氏月　謝氏素蘭　蕭氏鸞嬌　葉氏桔　黃氏勤徽　李氏金鳳　陳氏秋玉　蔡氏秀英　洪氏綉梅　賴氏對　陳氏雲椒

鄭氏素萍　李氏倫　許氏碧潮　黃氏秀鸞　吳氏春涼　陳氏翠雲　簡氏碧蝴　吉田藤子　何氏雲梅　劉氏春香　陳氏赤　陳氏月　陳氏好　曾氏秀足　蕭氏碧雲　陳氏鑾

黃氏淑娘　陳氏寨　謝氏月芬　陳氏月女　詹氏秀利　卓氏柔　王氏秀杉　張氏純　曾氏秋櫻　許氏雪娟　魏氏瓊珍

謝氏綿春　田中惠子　劉氏秀女　陳氏鸞扉　鄭氏翠玉　張 建富先生　山口 校長先生　丁 瑞甲先生　陳氏玉蟾　田中綾子　鄧氏秀春　林氏月桂　高田治子

▲高等科第二十一回卒業1班，計共查埔學生49人，查某學生10人，改換日本名有4人。

△高等科第二學年學生名單kap寫眞しゃしん[相片]

第五排→第五个是Chiu-á兄蕭有朋，穿烏色。

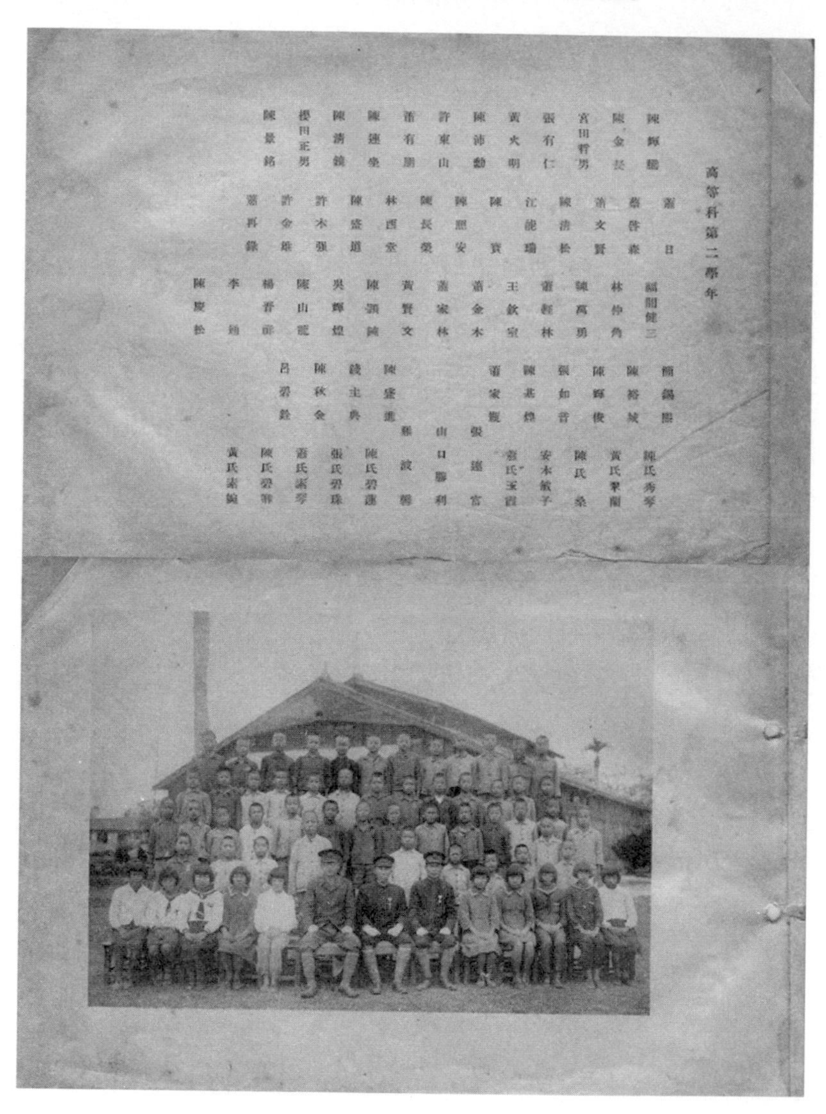

高等科第二學年

陳輝耀　陳金長　宮田智男　張有仁　黃火明　陳沛勳　許東山　蕭有朋　陳連坐　陳清鎮　櫻田正男　陳景銘

嘉日　蔡啓森　蕭文賢　陳清松　江能瑞　陳寶　陳照安　陳長榮　林西堂　陳盛道　許木強　許金雄　蕭再錄

福間健三　林仲角　鍾萬勇　蕭輕林　王欽室　蕭金木　蕭家林　黃賢文　陳頭論　吳輝煌　陳山龍　楊晋詳　李通　陳旋松

稲鍋服　陳裕城　陳輝俊　張如音　陳甚煌　蕭家龍　陳盛進　錢主典　陳秋金　呂碧鈴

陳氏秀琴　黃氏翠蘭　陳氏桑　安木敏子　蕭氏玉眉　張達宮　山口勝利　葉波[illegible]　陳氏碧蓮　張氏碧珠　蕭氏素琴　陳氏碧霞　黃氏素娟

▲田中國民學校早期ê寫眞しゃしん[相片]

Download：臺灣國定古蹟編纂研究小組（National Historic Monuments of Taiwan）的相片

Chit張相片ê年閣，比《思ひ出》校門閣較早，形體仝款，只是樹木較細欉。圍牆頭前空地tú好是現此時徛家ê涼亭仔。

▲學校簡史：引用田中國小校刊的介紹

田中公學校創建於1914年（日大正3年），今年剛好創立滿第100週年。本校創立於民國三年四月一日。由二水公學校分教場正式獨立。定名爲「田中央公學校」。校址設於田中鎮南路里現址。十年四月，改稱爲「田中公學校」。十二年四月，增設高等科教育，廿八年四月，分設內灣分教場，卅年四月，內灣分教場獨立，本校改稱爲「田中國民學校」，同時再於三潭地區分設「田中北國民學校」。

光復前歷任校長爲杉本先生、今仁義記先生、市田清五郎先生、川村秀德先生、山口勝利先生。

卅四年十月，台灣光復，本校改稱「田中第一國民學校」。並廢除高等科教育。卅八年一月，附設幼稚園。卅九年九月，分設三安分校。四十二年九月，三安分校獨立爲大安國民學校，而本校再度改稱爲「田中國民學校」。五十七年八月，改革學制，實施九年國民教育，廢除附設幼稚園，校名亦改稱爲「彰化縣田中鎭田中國民小學」。六十六年九月，設置特殊教育「啓智班」，七十二年九月，再附設幼稚園。七十九年九月，奉令附設「民眾補習教育」班，教育逾齡失學民眾之補習教育。八十一年八月，再於彰化少年輔育院附設「補校分校」，教育少年輔育工作，八十五年八月一日設置「資源班」。

〔四兄〕

Harmonica kap Violin

Lah-jih _20091010

8月15彼暗，規家口仔團圓鬧熱滾滾，店口面烘肉烘煙腸，人客間仔sńg電視chhit-thô物，突然間一時心適興，揣出真久無leh歕的口琴，歕予逐家欣賞，順紲講斯當時愛欲一支口琴的故事予您聽：

1956年讀彰化中學初中二年的時，佇庄內暗時定定聽人歕口琴的聲，心內感覺眞趣味眞欣羨，有一工佇學校看著一個同學leh歕口琴，著共問一支jōa濟錢、啥物牌--ê？Chiū按呢日也想、暝也想，siàu想欲愛一支Harmonica。

經過個外月的虉想，tiō決定寫批共佇阿里山做集材工仔的四兄討錢，講我jōa愛jōa愛一支口琴，你著寄錢予我買，閣特別交代著寄去學校，毋通予阿爸佮大兄知。四兄足惜我chit个減伊9歲的小弟，經過2禮拜，學校通知我去辦公室領掛號批，領掛號批需要tǹg印仔，姑不將編一個理由騙老爸予我5箍去刻一粒印仔。

領著50箍，tiō去冊局買彼支暝日思念的口琴，毋知欲按怎歕，嘛無人thang好問，好佳哉有說明書，1、3、5歕出--去，2、4、6、7 suh入來，無jōa久tiō已經歕有花字。祕密是掩崁bē-tiâu--ê，會曉歕tiō愛展，煞去予阿爸聽著，「哪有hit支品仔？」「買--ê lah！」「你哪有錢？」「ah tō共四兄討--ê lah！」「tō是按呢--ȯ，才會kâ討錢去刻印仔--ȯ！你這个囡仔……」

好佳哉，阿爸嘛興挨弦仔，對我sńg樂器並無反對，閣無問jōa濟錢，若無，一支口琴開45箍，m̄ hông罵--死。斯當時田中到彰化的學生通學月票是21箍6，chit 21箍6差不多逐個月攏著先共人借，彼陣阿爸會當予我的四秀仔錢，一禮拜無超過2箍銀。

1959年入去讀台中師範，眞正大開眼界，鋼琴、小提琴、風琴、軍樂隊的樂器，逐項攏好聽，逐項攏想欲學，學鋼琴、小提琴需要開錢佮老師學，閣無參加樂隊，所以kan-na會當學彈風琴。課外時間有機會聽著同學練習鋼琴佮小提琴的琴聲，時常聽kah戇神戇神，尤其是Violin的聲音，hiah-nī幼膩、顫音hiah-nī迷人，若欲有一支thang學，毋知欲jōa好--leh，khong-khám的心思，「睏罔睏，千萬m̄-thang陷眠」。

學校生活是十花五色--ê，著學的物件眞濟，趣味閣輕鬆，學giú Violin的慾望早就放lēng，一直到三年級頂學期才閣重新著火，閣一擺學khong-am，做khong-khám的代誌，寫批kā四兄討錢。

Violin已經有--ā，毋過無錢佮老師學，tiō「無師自通」，罔khioh同學學來的步數，無老師指導有較輸，tn̄g-tio̍h困難tiō放伊soah，當然嘛學袂ka-nn̂g。出業做老師有薪水thang領，tiō決心去台中拜師學藝，結果才學一個月--niâ，tiō放棄無閣再積極繼續。一年前賣hit支琴450箍，chit-má去台中學琴學費是一個月100箍，1962年做老師的月俸是750箍，taⁿ踏入社會做工課，嘛需要hak一寡食頭路人的裝備，買兩軀會看口得身穿800箍、一台鐵馬1300箍、一粒手錶仔400箍、一隻事務桌仔400箍、一軀西裝1300箍……li-li-khok-khok一大堆，uì學生囡仔變成社會人，有想欲共厝內湊相添，實在心有餘力不足。

〔蕭平治〕

一年仔生，放屎糊房間

Lah-jih _20111005

生成是愛讀冊ê囡仔，記kah真清楚，1948年9月初讀國民學校頭一工，是四兄kap Lô͘-á兄chhōa去學校--ê，四兄、Lô͘-á兄行做前，Lah-jih tòe後壁，ùi厝後水田田岸路出門，四兄16歲，人koân漢大，伊行3伐，Lah-jih tio̍h-ài走5伐，一路歡歡喜喜，ná行ná跳，ná聽in話仙：「看Lah-jih chiah-nī歡喜boeh入學，to̍h想著較早木水--è leh讀冊，tiāⁿ-tiāⁿ tiuⁿ m̄去學校，有一擺hō͘ in阿爸用索仔縛，koh用リヤカー(兩輪人力拖車)拖ê代誌，有趣味讀冊kap無趣味讀冊，實在天差lí地？」用索仔縛，koh用リヤカー拖，哪有chiah-nī笑詼ê代誌？這是讀國民學校上早上早ê記智。

第一工有大人chhōa，第二工tio̍h家己招A-ba̍k、A-chiàng tàu-tīn相伴，第三工soah請假，m̄是變卦貧惰m̄讀冊，是「有理由ê藉口」，二兄boeh娶二嫂，理所當然請假tàu歡喜，順紲看鬧熱食紅圓食好料--ē。Hit暗新娘tī人客間仔請茶，熟似厝內人kap親chiâⁿ ê影像是án-ni：

人客間仔有搭一頂總舖眠床，倚壁邊內角隔2格做被櫥kap衫櫥，頭前koe̍h隔1格空巷囥尿桶，另外hit爿眠床前倚壁有1隻桌仔，點1葩光iā^{n}-iā^{n} ê電土〔乙炔、電石氣〕火，新娘茶phâng--出來，模仔兄1个1个做紹介：chit-ê是ta-koa^{n}，叫阿爸；chit-ê是新郎ê母舅，叫舅公；chit-ê叫伯公，是ta-koa^{n} ê二兄；chit-ê叫姑婆；chit-ê叫大伯、阿姑……。模仔兄紹介，新娘to̍h tòe-leh叫，無人講四句連抑是笑詼，無人講祝賀ê話，kan-na「新娘眞súi」、「新娘眞福相」，算是見面禮。茶請soah，換請薰，新郎二兄tòe後壁點番仔火，了後收茶甌teh紅包，Lah-jih kap阿道兄bih-tiàm總舖內角看鬧熱，感覺chiâ^{n}心適。

學校離厝裡tio̍h行20分鐘，逐日步輦kōa^{n} 1-kha阿道兄出業留--落來ê ka-chì-á〔一種用藺草編成的提袋，現在用來泛指小提包〕書包，pī^{n} kah眞súi，可惜破1空。Ta^{n}終戰後4冬，庄跤人sàn-phí-phí，政府mā sàn-phí-phí，第三工老師分1塊鑢仔、3支無漆皮ê鉛筆、1-kâi紙chi^{n} ê冊chū仔，第四工boeh分冊足歡喜，冊提到手soah chiâ^{n}失望，是舊冊，別人已經用過ê舊冊，冊皮舊舊軟軟，內面mā hō͘人畫烏漆白，老師koh交代：「ài sioh-lio̍h用，m̄-thang phàng見，學期尾tio̍h收倒轉來。」

聽講學校過去是田中公學校ê分校，叫做「北學校」，終戰後chiah改名做「第三國民學校」，來chia讀冊ê學生，有崁頂(頂潭里)、Tóng-á潭/ē-koe̍h-á(中潭里)、ē庄/良結庄仔(龍潭里)kap外三塊厝(三民里/三光里/大社里)ê囡仔，逐家攏褪赤跤步輦來學校。教室有2廊，攏是木造--ē，厝頂蓋日本瓦，後壁廊是ùi公學校拆過來--è，破空koh ē漏雨，一年級、二年級4班學生tī chia，三年級、四年級4班kap辦公室tī頭前廊，ná像無五年級kap六年級？

阮ê級任是陳松老師，伊按怎教阮，已經無記智，kan-na有he siàⁿ-khiat ê同學猶會記得老師ê心適代，to̍h是老師bat tī司令台頂ná講ná leh jiàu kái-piⁿ ê一句話：「一年仔看chia！一年仔看chia！」一年仔教室2班隔壁壁堵破1-âm，上課聲音相thàng，學生囡仔mā ē-tàng nǹg來nǹg去，kài好sńg。

年閣傷過遙遠，ē得留tī頭殼內ê影音mā離離落落(lî-lî-lak-lak)，超過一甲子koh三冬ê往事，猶ē記得--è有：

國語課本第一課文是：「來！來！來！來上學，去！去！去！去遊戲。」猶有一課是：「小蜜蜂，嗡嗡嗡。飛到西，飛到東。東邊李花白，西邊桃花紅……」紲落去是啥？已經bē記得，「李仔花是白--è，桃仔花是紅--ê」，卻是hit句「東邊李花白，西邊桃花紅」，chiah-ē永遠記tiâu-tiâu。

「保衛大台灣！保衛大台灣！」Chit條歌mā印象深刻，啥人教--è，bē記得，紲落去ê歌詞bē記得，kan-na知影唱眞大聲，啥物意思？『莫宰羊？』

Hit年阮hit班大約50个，Lah-jih得著第三名，阿伯、叔伯阿兄o-ló講：「讀冊是半生成--ē！」啥物道理？M̄知。Kan-na知影「一年仔khong-khong」是有影，「一年仔生放屎糊房間」koh-khah有影跡，m̄-bat讀過幼稚園ê一年仔生，下課顧sńg、顧chhit-thô，尿緊，bē赴去便所，溝仔邊褲跤le̍k--起來to̍h kā soān，猶有he較hàm--è，屎緊，褲帶拍死結，to̍h án-ni放tiàm褲底。

附記：

小蜜蜂：「小蜜蜂，嗡嗡嗡。飛到西，飛到東。東邊李花白，西邊桃花紅。採得花蜜回家去，釀成蜂蜜好過冬。」

「保衛大台灣」歌詞：

「保衛大台灣！保衛大台灣！保衛民族復興的聖地，保衛人民至上的樂園，萬眾一心，節約生產，支援前線！我們已無處後退，只有勇敢向前向前……」

〔蕭平治〕

人生第一張しゃしん(寫眞)

Lah-jih _20111008

〈田中鎮第三國民學校1948年度二年級甲(乙？)班結業記念相〉，翕tī 1949年6--月，這是Lah-jih ê第一張影像，因爲有chit張相，chiah ē-tàng看著家己細漢ê生張，kap眞濟斯當時ê記智，chiâⁿ感謝陳成章校長、盧淑婉老師。

早當時資訊無發達、交通又閣欠缺ê年代，庄跤散赤囡仔，罕得出外chhit-thô，kui日攏是門口埕、厝邊隔壁，無--tō庄仔內四界囥行囥sńg，pō-pīn來到隔壁庄頭ê學校讀冊，逐項代誌戇àⁿ-àⁿ koh充滿好奇，當然mā「一年仔khong-khong」，「一年仔生放屎糊房間」，升到二年級仝款好玄ài-sńg，一日到暗phut-phut-tiô，kái-sêng《三藏取經》hit隻猴齊天，

「二年仔孫悟空」有影無m̄-tio̍h，頭殼內記智猶原空空。按怎ùi一年級升到二年級，已經bē記得，hó-ka-chài hit當時老師有kā阮翕chit張相，chiah ē得留tiâu一寡懷念。

上深刻ê一幕是參加國語演講，老師指定Lah-jih kap一个外省囡仔趙華生表演，趙華生是一位外省查某老師ê後生，指導老師mā是外省查某老師，人koân漢大，講he話kap級任老師無啥仝款，有ê所在ē聽無，伊kā阮指導幾若工，比賽hit一工，m̄是kài歡喜，勉強kap趙華生peh-chiūⁿ一張柴釘--è ê司令台，ná講ná演，Lah-jih演老阿公，趙華生演小華，「年老公公，白髮蒼蒼〔chhong-chhong〕，一個不小心，跌倒路當中；過路的小華看見了……趕緊扶起公公來……」，這是一生頭一擺tī教室以外所在ê演講，小可勉強，m̄是kài心適ê經驗。

Koh有一幕mā眞深刻，老師chhōa阮tī運動埕做『遊戲』，查埔囡仔排1列，查某囡仔排1列，然後2列接起來圍1-khong圓箍仔，Lah-jih是班長排頭前，副班長陳碧雲mā排頭前，結果阮2个相牽手，頭一擺牽查某囡仔ê手，soah感覺gāi-gio̍h gāi-gio̍h，chit種gāi-gio̍h ê感覺一直記tiâu-tiâu，che敢是受歌仔戲「男女授受不親」戲文影響所致？

斯當時二年級有2班，阮chit班49个學生，查埔查某一半一半，逐个攏乖乖--a，大概是boeh翕相ê關係，穿插猶算眞整齊，看面chhiuⁿ，有ê巧氣，有ê hoâiⁿ-hoâiⁿ，有ê gōng-sòng gōng-sòng，經過1甲子後ê人生，鹹、酸、苦、chiáⁿ攏試過，有拍拚、有貧惰、有幸運、有坎坷，各人享受無仝款人生滋味，結果--neh！巧氣--è無一定成功，戇直--è mā m̄是注定失敗，士農工商各有千秋，都也70歲--ā，有人已經做仙，有人猶leh bo̍k-bo̍k-siû，有人leh享受老青春，總是想著細漢時，有ê到此當今猶leh續緣tàu陣，有ê幾十年來m̄-bat看著人影，看著相片to̍h非常懷念，koh-khah思念hit个牽過手ê查某囡仔，因為自升到三年級to̍h無koh同窗讀冊，kan-na bat遠遠看過3擺。

Koh-chài替老師點名--一擺，chiah發現有幾若個同窗已經bē記得，坐tī老師邊--a hit个，to̍h是思思念念ê查某囡仔，全班kan-na伊有穿鞋。

Xxx	許賢造	Xxx	蕭光義	蕭邦基	蕭必松	陳信義	許榮吉	陳信雄	Xxx	黃國彥	陳秋彥	邱慶利	蕭國照	蕭吉松	賴恆忠	蕭吉平	Xxx
Xxx	Xxx	Xxx	蕭興政	陳永宗	周遠治	林助雄	蕭平治			蕭吉	Xxx	蕭秀金	謝節	Xxx	許枝美	蕭鳳美	Xxx
Xxx	Xxx	許守	許奮	陳玉桃	蕭秀戀	蕭靜	陳圓	校長 陳成章		老師 盧淑婉	陳碧雲	Xxx	楊玉花	Xxx	Xxx	許玉桃	Xxx

〔蕭平治〕

64年前ê舊相片

Lah-jih _2014

1950年田中第三國民學校2年2班，學年結束翕相記念，學校長陳成章先生，級任盧淑琬老師，班長蕭平治，副班長陳碧雲，學生kan-na陳碧雲有穿鞋，chhun—ê攏褪赤跤。Hit-chūn男女授受不親，有一擺上課圍圓箍仔手牽手，班長

好運牽著副班長，感覺足gāi-giȯh、足歹勢。時間過了真緊，已經來到2014年，猶真懷念hit-pái ê手牽手。

〔蕭平治〕

狀　元

Lah-jih _20111009

『一 二 三 四 五 六 七 八，二 二 三 四 五 六 七 八，三 二 三 四 五 六七 八，四 二 三 四 五 六 七 八……』

班長1聲號令，逐个1个動作，ná像leh做體操，mā ná像leh跳舞，這是60年前讀國校仔三年ê時陣，早起上課前ê運動，第一chat(節)ê動作是án-ni：正手插胳，倒手giȧh-koân彎tī頭殼頂，手蹄虎口kek像蛇喙peh開，正跤小可半khû，倒跤小可斜斜chhun出，跤後teⁿ著地(tio̍h-tē)，「一 二 三 四」雙跤同齊輕跳4下，第四下倒跤大下chàm一下，「五 六 七 八」身軀身以倒跤跤後teⁿ爲中心倒se̍h轉一liàn，跤手姿態tó-páiⁿ恢復原位，然後繼續第二輪動作，因爲m̄免查埔查某相牽手，所以逐个攏ná跳ná笑，跳kah歡喜tang-tang，特別幾个仔khong-khám同學，跳kah ná siáu--ê，實在心適，che to̍h是阮chit班chiah有ê趣味齣頭。只是後壁ê步數已經bē記得了了。

1950年9--月新學年開學，發覺已經2班合做1班，tòa外三塊厝hit爿ê同學攏無來，後--來chiah知第三國民學校已經徙去外三塊厝三光里(後--來改名明禮國民小學)，崁頂、

Tóng-á潭、ē-koėh-á、ē庄ê學生猶原留tiàm北學校，學校名改做田中第一國民學校三潭分校(1956年獨立爲三潭國民學校)。Chit年變化眞濟，phàng-kiàn一寡舊朋友，加一寡新朋友，tī新級任陳新曲老師教導之下，展開了1冬多變、無穩定、無確定、搬徙、費氣、精彩、好sńg ê「搬siū雞母生無卵」。

陳新曲老師教冊方式活潑，gâu 變把戲(pìⁿ-pá-hì)，早起時做體操tȯh kap人無仝，趣味好sńg koh有運動效果，室內教學仝款齣頭--了了，眞gâu phiàn囡仔〔哄騙孩子〕，每擺教完一課，lóng-ē出作業隨時練習，無論寫字、算術，lóng隨時批改。老師改簿仔，慣勢用毛筆搵紅珠色水彩做記號，tiȯh--è 勾鉤仔，m̄-tiȯh--è拍叉仔，koh規定：寫上緊上súi koh全部lóng-tiȯh--è，得著第一名，號做狀元，若是第二名tȯh叫做榜眼，第三名叫探花……

爲著boeh爭取狀元ê好名聲，逐个攏眞拚勢寫，無gōa久tȯh有人chìⁿ頭香搶第一，「三條m̄-tiȯh，giat-láu轉去！」換第二个，「一條m̄-tiȯh，giat-láu轉去！」換第三个，老師紅珠筆一直勾一直「tiȯh！Tiȯh！Tiȯh！Tiȯh！Tiȯh！」五條lóng tiȯh，除了勾5-kâi 鉤仔，koh khong圓箍仔，「1-khong！2-khong！3-khong！4-khong！5-khong！」然後tī圓箍仔中心用毛筆頭點一下，「第一名！狀元！」全班學生phok仔聲響起，逐个繼續爭取第二名榜眼、第三名探花……

時間猶未下課，老師ē繼續批改，有人連紲giat-láu轉去幾若擺，mā是拚勢繼續寫，因爲老師bē kā阮phah，所以逐个寫kah眞歡喜，有人預顢全部寫m̄-tiȯh，老師tȯh拍叉仔兼寫「0」分，大聲喝「jiat-loh！」紲落去--è是1-chūn笑聲，hām hit个hō͘老師拍「jiat-loh！」ê同學mā「hah hah hah hah！」笑bē-soah。

Chit種上課ê 氣氛thài好sńg--leh，ē-hiáu--ê boeh拚狀元，bē-hiáu--ê mā鬥鬧熱，kan-na想boeh聽老師làu英語，「giat-láu揮奮斗」、「jiat-loh無半分」成做hit-chūn chhit-thô sńg遊戲siōng-kài流行ê語言。Hit當時便若是上算術課，99パーセント(99%)「狀元」一定是Lah-jih--è ê，「狀元」一時mā 成做Lah-jih ê外號，一直到國校出業猶有人leh叫。

可能是1949年國民黨政府提出「一年準備，兩年反攻，三年掃蕩，五年成功」口號ê關係，學期中忽然間有眞濟阿兵哥來學校tòa，佔用阮ê教室做辦公室、做房間，銃枝、眠床、皮箱that kah一四界，害阮無教室thang讀冊，tī學校內外四界流浪。每日來學校，除了揹冊揹仔koh-tio̍h chah 1隻細隻椅仔，爲著閃避炎炎日頭曝，早起時tiàm厝角頭西爿，中晝後搬去東爿，有時爲著新奇心適變換趣味，老師tiau-kang chhōa阮去學校隔壁廟埕、大欉樹仔跤上課，有時阿兵哥ē tī運動埕操兵，chàm跤步、喝口號、唱軍歌，『一二三四；一～二～三～～四……』『反攻 反攻 反攻大陸去……』，活boeh吵--死，老師全款chhōa阮緊去遠遠ê所在。上國語、常識課，老師唸，阮tòe-leh念冊歌，然後叫學生讀抑是解說、講古hō͘阮聽；音樂課只好餾舊歌，無風琴伴奏；tn̄g-tio̍h算術課，無烏枋，只好用心算，老師用喙唸，出題目，學生用心算擛手回答，m̄知Lah-jih hit-chūn ná-ē hiah-nī khiàng，除非老師家己指定，若用擛手比輸贏，見擺lóng mā Lah-jih第一名得著「狀元」封號。流浪徙位，麻煩有影眞麻煩，對學生囡仔人來講實在眞趣味，m̄-koh讀有冊也無？已經bē記得。

兵仔愈來愈濟，ta̍k間教室佔了了，三潭分校自án-ni kui間學校搬徙去田中第一國民學校本校，暫借南爿hit棟教室上課、上班，臨時搭1个司令台，仝款早會、升旗，因爲範圍siuⁿ狹，足無好sńg--è，khah好sńg--è是一日來回2-chōa抑是4-chōa ê行路，囡仔跤1-chōa boeh行半點外鐘無算遠，心適--è是路裡ē-tàng 咧行咧sńg，罕得來到街路，處處充滿新奇，行涼亭仔跤、算電火柱仔、看hit間田中街路唯一ê三chàn樓仔、探頭看店內物件，kah意眞kah意，m̄-koh m̄敢siàu想……，上欣羨--ē是冊局內面ê鉛筆、鉛筆khok-á，看了koh-chài看，to̍h是看bē-siān，庄跤囡仔行入十花五色ê街市，無迷chiah是怪。

Bē記得啥物時陣搬轉來三潭分校，恢復較早hit个趣味心適滋味，有一工，老師足三八--è，講boeh kā Lah-jih做媒人，阮班siōng-gâu讀冊ê查某囡仔to̍h是『蕭桔』，伊ê小弟蕭隆明kap阮讀仝間，蕭桔有影生做眞súi，m̄-koh伊kap Lah-jih仝款姓蕭，ná ē-tàng結婚娶來做某--neh？Che Lah-jih 已經知影道理，老師實在眞三八。好笑--è是自hit个時陣開始，每擺唸課文時，便若唸著『消極』chit 兩字，心內一定gāi-gio̍h gāi-gio̍h，kap he牽陳碧雲ê手仝一樣，敢是早熟早chhio？

猶有一件記智永遠記tiâu-tiâu，hit年做班長，讀冊gâu，人緣mā好，查埔囡仔攏滾攪做一伙，查某囡仔，Lah-jih 攏

m̄敢hām in sńg，m̄知是查某囡仔起怨妒(是家己臭心想)，抑是啥原因，有一擺行路行到天主教禮拜堂頭前路邊，蕭政治、蕭鳳美兩个查某同學chhah leh，m̄ hō͘ Lah-jih過，koh tâu路邊田田頭家蕭安東講：「chhân--nih石頭仔是hit个查埔囡仔踢--落去ê。」

「Phiak！Phiak！」兩聲，chhùi-phé hō͘人搧2下，一路hôⁿ轉去到厝--裡，二兄問in-toaⁿ，to̍h去隔壁Tóng-á潭chhōe安東講清楚，「阮小弟眞乖，bē sńg-tn̄g人ê物、bē chok-gia̍t thiau-kang kā石頭仔踢落去你ê田裡--lah！」M̄知安東有kā二兄chhē-m̄-tio̍h--bò͘，總--是mài hông誤會to̍h好，hông搧2下chhùi-phé加疼--è。

Hit年成績，第一學期第二名，輸江武良，感覺足怪奇，第二學期得著第一名，成績簿記載全部是甲上、10分，有夠hàm--è。

陳新曲老師後來升做主任、升做學校長到退休。害Lah-jih hông搧2下chhùi-phé ê蕭政治、蕭鳳美，後來mā眞有連絡，無扗恨。

〔蕭平治〕

惡補10個月 kap鄭來生老師

Lah-jih _20121120

獎狀

初中一年級子儀組學生萧平治
在本校數學測驗比賽
成績優良名列初一第一特給
此狀以資獎勵
臺灣省立彰化中學校長
中華民國四十五年七月 日

Kā 人講 Lah-jih 讀牛仔班出業，無人 ài 信，「讀牛仔班 ē-tàng 做老師？Ȧh 有可能？」

50 歲 hit 年主持阮 hit 屆國民學校同窗會，會後猶有人 leh 問：Lah-jih 你 chit-má leh 創啥？

1954 年 7 月初，田中第一國民學校第九屆出業，結束 6

年讀冊生活，畢業典禮結束，手裡phóng 1張畢業證書、2張獎狀、1本詞典、1本字典，內心歡喜得著鎮長賞kap服務站長賞，che是牛仔班第一名ê榮譽。轉到厝--裡，阿爸、阿伯攏o-ló，阿兄、阿嫂mā一直kā人展：「阮Jih--è眞khiàng，得著鎮長賞，1班chiah 1个，眞無簡單。」

Siáⁿ知歡喜無幾工，to̍h歡喜bē起來--à，kui工閒仙仙，四界hō-lí-hō-sō，m̄知boeh創啥？阿爸叫去田裡khau草，khû無幾分鐘to̍h講boeh轉去厝--裡 看冊，看chit-khơ「oⁿ」--leh，除了讀過ê教科書，哪有啥物「冊」？只是貧惰借口niā-niā，規氣來去chhōe囡仔伴chhit-thô，kin-sio̍k牛仔班已經sńg年外，慣勢--lờ。

7月底，A-ba̍k、A-chiàng相招kā阿爸講：「阮boeh招Lah-jih--è來去考補習班 好--bờ？讀補習班to̍h ē-tàng去考初中--ō！」

「Ā有法度！」Che是阿爸慣勢ê話母，聽聲to̍h知伊ê無奈，無錢所致，只有tiām-tiām無出聲。

「Lah-jih！恁三兄tī店仔hia叫你去。」三兄leh叫，定著有好空--ê。

「Jih--ê，chit 30箍提去翕相kap報名！」

原來是A-ba̍k kap A-chiàng去講hō三兄知。Che是頭一擺參加比輸贏ê考試，結果Lah-jih考tiâu，A-ba̍k、A-chiàng「nn̄g甘蔗園溝轉--來」，A-ba̍k、A-chiàng in阿公按呢keng-thé in兩人考無tiâu。

升學主義，日人時代to̍h有，日本人轉去了後，補習風氣猶原繼續，1954 hit年，學校爲著方便考無tiâu ê學生進修，特別招chit班補習班，因爲報名人數siuⁿ過濟，soah著用考試來分輸贏，錄取50幾个，二八水、Chhân-tiong-ng、社頭攏有，上遠一个tòa三家村，因爲無學籍，免納學費，其他參考書、簿仔鉛筆、考試紙需要交錢hō͘老師買，擔任級任是鄭來生老師，he「補習班」ná像變通辦法成立--è，有人講是「7年級」，阮家己消遣講做「補chhit-khang」。

「補chhit-khang」9月1日開始上課，學生多數是考初中考無tiâu抑是考無理想，無to̍h像Lah-jih按呢牛仔班出業--è，ē使得講程度低成績無好ê學生khioh-khioh做伙補習ê 1班，ē記得6--月畢業考，總共考6科，Lah-jih chiah考277分，是牛仔班第一名，m̄-chiah鄭老師教阮ùi 4年級下學期復習起，然後chiah繼接 5年級6年級，9月1日到隔轉年7月1日投考，mā-chiah 10個月，時間有夠迫。

復習4年級下學期功課ná像leh cháu-pio，無半個月to̍h影過--à，閣來老師to̍h ná教ná復習ná考試，1禮拜小考至少10擺，每個月著mo͘h-leh-khàu 1擺(模擬考)。老師chiâⁿ有計畫，小考用--ê考試紙是kā 8開畫圖紙切做6份，雙面ē使得用，寫算術10條tú好tú好，考國語考常識mā適合，分紙張好分好收，boeh寫boeh改眞利便，「交換改」ē-tàng節省老師氣力kap時間，快速有效率，che是「補1空」ê班級，無leh教寫字無leh教了解kap欣賞，ē-hiáu寫正確答案爲第一，練習練習閣再練習，考試批改考試批改閣再考試批改，老師刻鋼板油印ê考卷攏印刷3份以上，chit禮拜教了著用，後個月復習

mā著用，後學期總復習當然著用，m̄是內行ê明星老師bē-hiáu按呢計畫。鄭老師是hit-tang時ê惡補名師，面生做戽斗戽斗，khan 1支圓框目鏡，chiâⁿ有形威，惡khia̍k-khia̍k，ē giâ籐條損人尻川，學生囡仔眞驚--伊，家長卻是眞佩服--伊，尻川後學生攏叫伊：「阿猴--ê！」

講著「Phah」，Lah-ji̍h實在ē驚，在來to̍h乖巧gâu讀冊，厝--裡hō͘阿爸phah ê經驗ē-tàng算攏，學校hō͘老師phah mā kan-na讀4年--ē hit-pái，hit-pái閣是因爲無揣大支箠仔hō͘老師，惹老師受氣所致。聽講鄭老師phah學生是按照考試成績決定，Lah-ji̍h讀牛仔班，成績足ló͘--è，恐驚ē時常hō͘老師phah，驚惶tī心內，不時leh觀察老師hia是m̄是有箠仔抑是籐條，好佳哉，kan-na有一支kí烏枋ê教鞭--niâ，m̄是籐條。Tn̄g-tio̍h考試無及格時，老師mā無用phah--è，kan-na罵罵--leh to̍h準tú-soah，若是無認眞聽老師上課，伊ē khian粉筆提醒，眞準--ō͘，罕罕chiah-ē khian m̄-tio̍h人，所以逐家攏m̄敢tèⁿ-siáu，乖乖仔上課。

Hit-tang-chūn國民學校ê課程包含：公民訓練，國語(說話、讀書、作文、寫字)，算術(筆算、珠算)，常識(社會：公民、歷史、地理；自然)，工作(美術、勞作)，唱遊(音樂、體育)。高年級月考考國語、算術、公民、歷史、地理、自然6科目，初中入學考試kan-na考國語、算術kap常識3科，m̄-chiah老師siōng-kài致重算術chit科，國語科字形、注音、造詞、造句，ngē記上有效，鉤破音kài bái-châi，老師ē特別提醒，若是歷史、地理，仝款死記、死背無撇步，因爲he

歷史、地理也m̄是講古kap chhit-thô，若boeh講透機，話to̍h講bē離，beh thái-thó有hit-lō͘美國時間，而且chit方面ê智識，老師敢to̍h有法度了解jōa儕？自然科仝款用暗念暗記，啥物觀察、實驗，連聽都m̄-bat聽--過，總講一句，常識科暗記、ngē記、背了閣再背，然後考試看效果to̍h-tio̍h。

早起7點開始上課，下晡慢1點鐘放學，中晝歇睏點半鐘，著行20外分鐘路轉去食飯chiah koh轉來學校，囡仔跤m̄知thiám，記得是1個月後，老師講後禮拜著開始加強補習，開始進入戰鬥，chit-má boeh調整上課時間：早起仝款7點上課，下晡照學校時間5點放學，暗時6點to̍h-ài轉來學校上課，10點放學，1個月ê補習費收20箍，電火錢貼2箍。老師講早起時較有精神，所以10點進前教算術，10點後教國語kap常識，下晡復習兼考試，暗時mā是教算術kap考試、練習。國語、常識用背--ê，認眞記較無問題，算術to̍h較食力，＋－× ÷ ê四則計算是無問題，當教到分數ê除法，尤其是分數除分數時，眞正tn̄g-tio̍h大困難，m̄知boeh按怎算，老師烏枋頂比手話刀講kah喙nōa全波，Lah-jih台跤「有聽沒有懂」，聽無to̍h是聽無，考試紙分--落來，仝桌許榮吉一時仔寫了了，老師1聲「交換批改」，許榮吉攏總「著」100分，「Lah-jih--è，你攏m̄-tio̍h--liah！」知--lah，iàn-khì tī心內，bē-hiáu當然mā攏m̄-tio̍h。

「Lah-jih--è，看我ê，改改--leh！」許榮吉是一年級讀到四年級上mah-chih ê同學，細細聲kā考試紙tu倒轉來。

「逐家改好--à-hoⁿh，100分--ê gia̍h手。」老師利用「交換

批改」時間lim茶pok薰小歇睏，許榮吉100分 kā手giâ koân-koân，順紲kā Lah-jih ê手tàu giâ-koân，chit種重複ê戲齣演boeh到1個月，謝天謝地，無人發覺，老師mā一直「莫宰羊」無感覺，感謝好朋友tàu-saⁿ-kāng，mā感謝家己「作弊(choh-pè)」度難關，閣非常認眞kā「chit空」補--起來，3個月後，成績「突飛猛進」，進步到家己mā驚chhit-tiô，每10擺考試ê平均，m̄是70外to̍h是80外。爲著boeh刺激競爭效果，老師閣用1步，kā每10擺考試ê成績按懸低分排名次定坐位，第一名坐頭前排正爿第一位，上尾名坐上後壁，Lah-jih ùi中排一直向前行，到kah下學期第一位to̍h罕得有人kap Lah-jih爭，chit時老師mā發覺著Lah-jih ê才調，聽同學叫「Lah-jih」，伊mā tòe人叫「Large」，伊閣kā阮解說講「Large」to̍h是「大--ē」ê意思。

「算術」教學，頂學期重點tī整數、分數、小數ê加減乘除運算，下學期to̍h開始「應用問題」ê開破kap挑戰，老師想盡各種比論，背公式，教撇步，比手兼話刀，用心開破hō學生理解，學生to̍h ná背公式、ná算看覓、ná參考老師ê撇步，確實是困難挑戰。長度是十進位，面積是百進位，體積是千進位，十進位百進位容易理解，啥物是千進位to̍h oh-tit了解，面積kap地積有啥物無仝？特別是he立體形ê表面面積，看ē著頭前面to̍h看bē-tio̍h後壁面，看ē著正爿to̍h看bē著倒爿，看ē著頂面to̍h看bē著下面，算kah霧sà-sà；和差問題、水流問題、有餘kap不足問題，認眞聽認眞算to̍h ē-hiáu；像he雞兔關仝tiâu，頭幾粒，跤幾支，問你雞幾隻兔幾隻？

實在無合理；上 tiau-kó͘ 人 ê 題目是：1 粒露螺 peh 2.55 公尺 koân ê 竹篙，日 -- 時 peh 45 公分，暝 -- 時倒退 15 公分，請問露螺幾工 ē-tàng peh 上竹篙尾溜？眞正考倒師傅。有時老師 mā 開破到家己 gāng--khì，補習到 chit 坎站，大部分同學攏頭殼 mo͘h-leh 燒，Lah-jih soah 愈算愈趣味，有時老師 koh-ē 問講按怎算？老師講：「m̄ 是 bē-hiáu 算，若用代數算，眞緊 to̍h 算 ē 出 -- 來，老師只是 m̄ 知影 boeh 用啥物方法，chiah 有法度開破 hō͘ 逐家了解 ē-hiáu 算。」眞正有影講 kah hō͘ 你 bat，喙鬚 to̍h 好 phah 結。

鄭老師確實是明星老師，教算術一流 --ē，特別「應用問題」，伊用畫圖說明，比「圖解算術」參考書閣較詳細頂眞，強調每列一个計算 ê「式」，lóng tio̍h 簡單寫說明文字，伊講說明文字寫 ē 出 -- 來，to̍h 證明已經了解，而且 koh 要求阮一定著排 hō͘ 整齊。若 tn̄g-tio̍h he 眞 pháiⁿ 說明眞 pháiⁿ 了解 ê 問題，伊 to̍h 強迫 ài 用 ngē 記 --è，kap 記 he 歷史年代、地理位置仝款，chhun--e 無啥物撇步。親像 boeh 按怎分別是除 --ē 抑是乘 --ē，伊 to̍h 強調 hit 字『的』ê 意思，『什麼的…』後壁一定是「×」法，閣特別用台語講「siáⁿ-mih ê…」一定是乘法，「5 角 ê 鉛筆買 5 支，要多少錢？」當然用乘法，若「15 平方公尺的土地切成 3 塊，每塊多少？」若用乘法去算敢著？Chit 款 ê 撇步 soah hō͘ Lah-jih 感覺怪怪懷疑懷疑。窮實講，解題 ê 撇步，鄭老師確實教眞濟閣眞有道理。

人生變化無定數，改變 Lah-jih 牛仔班命運，鄭來生老師算是非常重要 ê 貴人，siōng-kài 感謝 --ē to̍h 是第一學期伊無 giâ

箍仔phah囡仔，tī Lah-jih表現預顢hit段日子，ē-tàng hō͘ Lah-jih維持自尊，安心phah拚讀冊，雖罔tòe-bē-tio̍h進度，時常考無及格，而且無法度完成課後宿題，tī厝--裡因為宿題bē-hiáu，寫kah phak-tī桌頂哭，老爸m̄甘soah叫Lah-jih mài讀，是家己堅持boeh讀，是因為老師bē kā人phah，chiah-ē繼續讀--落去，hit段時間，10個月ê日子，只有歇禮拜日kap咱人過年2工，大部分上課ê日子是早起6點to̍h出門，下晡kap boeh暗仔轉來食飯，暗時著讀到10點放學，chiah koh半行走20外分鐘，到厝已經更深夜靜，kan-na chhun阿爸猶未睏leh等，有時閣有宿題ài寫，按呢無打緊，若tn̄g-tio̍h透風落雨天，眞正有影liân-hôe-á嬸婆--òe，有夠苦憐--ē，仝庄2个同伴蕭國照kap蕭吉平攏boeh歇睏，kan-na chhun Lah-jih孤一人出門，暗時10點放學，boeh行20分鐘暗路，是暗眠摸ê暗路，hit-chūn學校門口路燈1-pha，公里外chiah koh 1-pha，chhun--e只有天星抑是月娘，落雨沓滴，北風sn̂g-sn̂g-kiò，無雨衫，戴大頂瓜笠，阿爸hō͘ Lah-jih穿伊ê雨鞋，chah 1支手電仔(火)，交代m̄-thang一直chhiō，電藥(電池)貴參參，hō͘你做膽to̍h好，行街路猶算好行，過第二pha路燈以後to̍h眞hiau-hēng，尤其行轉來到Tóng-á潭，路邊全是刺竹模，àm-sàm無看路痕，北風一直吹，竹模to̍h iⁿ-oaiⁿ吼，路邊樹影tī烏暗中搖--leh搖--leh，穿hit雙阿爸ê雨靴管，chho̍p--leh chho̍p--leh伴心情，塗跤雨水tòe雨鞋噴濺到跤後曲，更加冷ki-ki、寒sih-sih，驚惶、恐怖tiàm心內製造，愈想愈驚，ná行ná緊，m̄敢越頭，一心一意注心細膩看手電仔chhiō路，頭lê-lê向前行。

50年代ê囡仔lóng mā驚鬼，敢講Lah-jih m̄驚，「心正m̄驚鬼」，Lah-jih細漢to̍h按呢了解，雖罔驚惶，猶是心神掠定，家己安慰。

戰鬥ê日子1工1工一直過，決勝負ê日期mā漸漸迫近，老師開始調查：「boeh考tó位？」Lah-jih戇戇m̄知啥物？探聽同學chiah知有彰中、員中、實中、北中可選，hit-chūn各校單獨招生，聽人講彰中siōng-kài歹考，to̍h報名彰中，老師緊張繼續leh加強，學生繼續leh加油，老師sa出法寶開始phah囡仔，「籐條giâ-chiūⁿ手，m̄管chhin-chiâⁿ抑朋友。」有夠衰，頭一个開張to̍h是Lah-jih，因爲常識科考無到老師訂ê標準，phah 2下，「large--è，boeh可彰中--lioh！」順紲khau-sé警告，好佳哉，無見笑，因爲已經是班--裡 第一名。

考期到，老師親身chhōa學生「chiūⁿ驚赴考」，第一節考國語，老師無問輸贏，第二節考算術，Lah-jih輕輕鬆鬆，下課鐘響，老師緊張萬分，「是非題第二題，你答著抑m̄著？」

「m̄著！」

「ò！我知--a！」老師一聲我知--a！Lah-jih心內mā已經倒頭栽，hit題m̄著去--à，1題4分，倒扣8分，算術只考92分，冤枉，實在冤枉，m̄是Lah-jih bē-hiáu，是Lah-jih認眞聽老師ê話：「面積kap地積無仝，面積單位是平方公尺平方公里；地積是leh算土地、田地，單位是公頃、公畝，千萬m̄-thang hut m̄著--去。」

Hit第二題是非題是按呢寫：

有一塊地，長30公尺，寬20公尺，面積是600平方公尺……(　)

Lah-jih ê答案是(－)m̄是(＋)，現了8分，實在冤枉，好佳哉實力有夠，猶原考tiâu彰化中學，學號4585，敢是排名第85名？

講實力有夠，m̄是pûn-ke-kui leh膨風，鄭老師gâu教是眞--ê，Lah-jih gâu讀mā是眞--ê，hit-chūn初中一年級上學期猶原有算術科，hit學期翁慨校長抽考，算術科Lah-jih考97分，同時97分有3个，因爲Lah-jih列式整齊，寫字端正閣有說明文字，得著一年級全校第一名。

想起10個月ê無暝無日，m̄管透風落雨，無管讀kah jōa艱苦，考券1張閣1張，考試考了閣再考，m̄驚暗sàm路有jōa恐怖，冷風霜雨有jōa苦楚，好佳哉，戇戇條直個性，m̄知影thang唉，認份歹命m̄知影thang吼，kan-na知影讀冊眞趣味，m̄-chiah gōng-sòng gōng-sòng一直拚，假使hit-chūn知影艱苦m̄-tam輸贏，tòh放棄機會，m̄知影今仔日ê Lah-jih ē pìⁿ-chiâⁿ啥物款ê運命？寫到chia，家己soah爲著細漢時陣目箍紅。

〔蕭平治〕

放牛食草牛仔班

Lah-jih _20121201

1948年8歲入學田中第三國民學校讀一年級，有甲乙兩班，hit-chūn頂潭里、中潭里、龍潭里、三民里、三光里、大社里ê囡仔攏tī chia讀冊，升3年--ê ê時，三民里、三光里、大社里ê囡仔tòe學校搬去外三塊厝，頂潭里、中潭里、龍潭

里ê囡仔留tiàm原來tī員集路大溪邊ê學舍讀，原來學舍soah chiâⁿ做田中第一國民學校ê分校，阮mā chiâⁿ做田中第一國民學校ê學生，男女合做1班。升4年--ē徙去街路田中第一國民學校本校，因爲男女分班，soah hām本校學生sio-lām，無gōa久仝班同學to̍h熟似liù-liù，雖罔學生lām來lām去，校舍徙來徙去，總--是感覺趣味新奇，每日讀冊歡歡喜喜，無特別認眞mā無啥物壓力，上課下課快快樂樂。升起去5年--ē，pún-chiâⁿ是全班同學，攏是學校leh pìⁿ把戲，讀無二個月to̍h閣再啥物「能力分班」kā阮拆開，好朋友四散無仝班，感覺眞可惜，Lah-jih編班考試第19名，編tī甲班，熟似著khah gâu讀冊ê同學mā算bē-bái，m̄知啥物原因，「能力分班」一個月後to̍h破功，猶原恢復原來班級，逐家歡喜kah，快樂時光無gōa久，學校又閣kā阮chhiâu-chhe̍k 1擺，téng-pái是gâu kap頇顢分班，chit擺是boeh升學kap m̄升學分班。

Bē記得是五年下學期學期中抑是學期尾，級任胡老師有來家庭訪問，問阿爸：『要給蕭平治考初中嗎？』

「老師問講敢boeh hō͘我考初中--là！」阿爸當然是鴨仔聽雷m̄知啥意思，Lah-jih做翻譯。

「你kā老師講：無法度to̍h是無法度--là！」

老師講：『好可惜喔！』

『好可惜喔！』『好可惜喔！』『好可惜』m̄是好話，因爲『好可惜』kap「無法度」仝意思，『好可惜』ê結果，to̍h是hông編入「牛仔班」放牛食草，也to̍h是hông hìⁿ-sak抛荒ê開始。

六年級有5班，3班升學班安排kap辦公室仝棟，男女各1班，無boeh升學ê牛仔班安排tī離辦公室上遠ê南爿面，隔壁to̍h是水田，播田割稻看現現，是學校ê『邊彊地區』。『邊彊地區』是hō͘人流放ê所在，阮chit-tīn m̄-bat世事ê戇囡仔soah kā看做天外天，好chhit-thô ê樂園。教室向南起，chit種起法眞ku怪，走廊出--去3，4步to̍h是田，教室後壁to̍h是北爿，有後尾門，外口有鳳凰木、chhêng-á(榕仔)kap運動埕，闊莽莽，有單槓kap兩个所在ē-tàng畫躲避球場siàng肉球，是運動、chhit-thô、sńg ê好所在。

新學年開學，換新級任戴老師，少年親切gâu招呼，hit-chūn功課表有公民訓練、說話、讀書、作文、寫字、算術、珠算、公民、歷史、地理、自然、美術、勞作、音樂、體育，雖罔無按功課表，逐科加減攏有leh教，siáⁿ知教無1個月，戴老師to̍h hông召去做補充兵，換來一个陳老師，有人講伊m̄是老師，是來代替戴老師--ê，陳老師教冊ná像無經驗，大部分m̄是伊讀hō͘阮聽，to̍h是叫阮讀hō͘伊聽，連算算術mā家己唸家己算，然後to̍h叫阮家己算家己寫，美術、勞作、音樂、體育m̄-bat教，重要ê課ná像kan-na國語kap算術--niâ。

其實che mā bē-tàng怪陳老師，攏是學校無重視，kā阮看做無效、m̄免讀冊ê學生，乖乖六年出gia̍p(業)to̍h好，人he升學班將來boeh考初中，tio̍h-ài加強補習，m̄-chiah學校有啥物需要學生囡仔tàu做ê khang-khòe，攏是叫阮牛仔班去做，親像有人boeh來巡視，需要大摒掃，抑是boeh種樹仔，boeh種草疕……，攏是阮查埔牛仔班負責，囡仔人ài-sńg，ē-tàng tiàm 外口ná做ná chhit-thô，總比tī教室內唸冊歌較趣味好sńg。

人講讀冊讀tī尻脊骿，有影--neh，hit-chūn boeh chah ê冊也無幾本，阮攏用一條大條包袱巾包包縛tiàm尻脊骿，to̍h ē-tàng ná行ná走ná chhit-thô去學校，mā有人揹ka-chì-á，有冊揹仔thang揹--ē無幾个。自從陳老師kā阮上課，to̍h愈來愈無sêng leh讀冊，早起出門開始滾，滾到學校猶leh滾，飼牛囡仔放牛食草，chit-tīn牛仔囝自然放放m̄讀冊顧chhit-thô，早自修ê齣頭是hap-sian開講、走相掠，寒天時tiàm壁角相lòng kheh燒，講是麻油車leh「chiⁿ油」，tio̍h sńg到老師來抑是朝會chiah-ē歇睏。第一節教國語，第二節教算術，第三節m̄是唱歌to̍h是hō͘學校派去勞動服務，第四節講是慰勞運動課，國語、算術課是照課本內容讀讀--leh，然後該寫--è寫，tio̍h算--è算，to̍h準tú好，上心適--è to̍h是音樂課，m̄免課本，m̄免風琴，mā無歌譜歌詞，老師kan-na講一句話，to̍h ē使得坐leh欣賞。

「第一个，大頭一--è。」老師點第一个學生。

「a-so͘ a-ē a-ḿ--ā，前khok後khok鼻pêⁿ-pêⁿ，目睭大大目眉垂，肚臍hiàn-hiàn眞愛笑，你若m̄笑--一下，我to̍h無愛kap你好。」陳金一gâu tèⁿ-khong-tèⁿ-gōng，ná唱歌雙手ná比，比頭殼，比目睭，比肚臍，表演猶未soah，逐家to̍h笑kah ha̍h-ha̍h叫。

「A-kiat-á！換你。」大頭一--ê點名。

A-kiat-á唱1條萬里長城萬里長，taⁿ唱soah，阿洋已經擧手喝聲：「我！我！我！」

「好！阿洋，換你。」

阿洋趕緊chông起去台頂，「eⁿh-heⁿh」1聲開始表演：

「我boeh唱蘇武牧羊，蘇武ē-á ē--ā ē，」「ah 我 bē-hiáu--à！」隨走落台跤，ná走ná叫「王木樹換你！」……

老師坐tiàm辦公桌hia，眞正『無爲而治』，學生1齣閣1齣，有歌聲有phȯk-á聲，有喊喝有笑聲，鬧熱贏過冬尾戲。Chit種音樂課重複閣再重複，大頭一--ê 逐擺唱「a-sơ a-ē a-ḿ--ā…」阿洋仝款làu氣伊ê「蘇武ē-á ē--ā ē，」老師輕鬆，囡仔歡喜。

體育課閣較好sńg，老師tàn一粒球hō班長tȯh OK，學生家己晝躲避球場ī siàng肉球，裁判家己做，按照家己設ê規則sńg，力頭飽ê人一直khian一直siàng，較細漢--è較軟chiáⁿ--è只好一直閃一直bih，閃kah相碰，bih kah phak落塗跤，有人sńg到規身重汗，有人滾kah規身軀ơ-sô-sô，頇顢sńg--è看kah起愛笑，等到鐘聲響，逐家喝爽chiah結束。有時ē sńgじんとり(陣取り/囚徒基地)，chit種遊戲kài趣味，比單純ê走相jiok較有變化，人數6人到20人分兩國，一國佔一欉樹仔做「主」，兩爿chhōa頭先じゃんけんpōe輸贏，輸--ê hit國派一个人先走，贏--ē mā派一个tòe後壁jiok，一个jiok一个，後壁--è ē使得掠頭前，hō人掠--著tiȯh趕緊轉來「主」，若比對方慢到，tȯh-ài hông禁tī對方陣營……，sńg法複雜有變化，重點tī走標相jiok，牛仔跤走bē-siān，下課sńg10分鐘感覺無tap無sap，bē-kòe-giàn，m̄-chiah ē利用上課sńg hō夠氣，有時

sńg過頭，有人走田岸路jiok對田洋仔去，soah bē赴轉來上課，bē赴上課to̍h bē赴上課，mā免緊張，極加hông罵hông罰徛--niâ，hit-tang-chūn，拍、罵、罰徛、罰giâ椅仔枷是四常ê chhe^{n}-chhau，「chia̍p罵m̄驚，chia̍p拍bē疼」，啥物是bē見眾、啥物是見笑代，都攏無感覺。

放牛食草to̍h是án-ne-se^{n}，上課無sêng上課，讀冊無sêng讀冊，等到下學期戴老師退伍轉來，功課已經tòe-bē-tio̍h-tīn，老師有心想boeh教阮加減bat--一寡，可惜逐家已經蠻皮慣勢成自然，放放m̄讀冊，而且學校kā阮看做義務工仔，差遣猶原無變，老師只有牽牛食草，行1步算1步，3個月後阮to̍h「畢額(業)隨人士農工商各奔鵬程慢你」，Lah-jih領著牛仔班第一名鎮長賞，歡喜2工to̍h開始hō-lí-hō-sō，m̄知boeh創啥？悲哀！

〔蕭平治〕

塗豆1甌5角

——chah飯包ê日子

Lah-jih _20121110

「頂開花，下結籽，大人、囡仔hèng kah死。」謎底是塗豆。

「頂面開花塗跤釘，大人、囡仔興。」謎底mā是塗豆。

塗豆是chiâⁿ普遍ê食物(chia̍h-mi̍h)，上等料理需要，加工ē-tàng chiâⁿ做喙食物，三頓thèng-á做配鹹，大人開講phòtāu 冏 tām-sám，囡仔 sì-siù-á bē 吵鬧。塗豆，外殼面 jiâu-jiâu，因爲好食，看 -- 起 - 來 soah chiâⁿ kah 目，若是 peh 開塗豆殼，內面 ê 塗豆仁 that 落喉，是 chē 人 o-ló 少人嫌，無論做料理抑是做點心糕仔餅，人人 kah 意，peh 塗豆莢仔冏開講，lim 燒酒配塗豆，攏是 ē siâⁿ 人伸手 1 莢 koh 1 莢，飯桌頂若是欠物配，買 1 盤炒塗豆，kòng-kòng 芳、芳 kòng-kòng，隨時米飯 1 喙 1 喙 pe kah ta-ta-ta。

故事 ùi 考 tiâu 彰化中學講起，hit-tang-sî 去彰化讀冊是老爸一大負擔，註冊納學費 ài 錢，買教科書文具 ài 錢，買火車月票 ài 錢，中晝頓 chah 飯包需要清米飯兼配鹹 mā ài 錢，逐禮拜逐個月阿爸攏是爲著錢 leh 操煩，家庭煮婦大嫂二嫂 mā 是爲著 Lah-jih chah 飯包 ê 配鹹 leh 激頭腦。飯包飯 tio̍h-ài 清米飯，若 chham 番薯隔頓 ē 臭酸，煮清米飯，米甕有米 to̍h 解決，有米無米是阿爸 ê 責任。若是飯包配鹹確實大問題，青菜 bē-sái-tit，仝款隔頓 ē 臭酸，魚肉貴參參，哪有逐日有，菜脯、醃瓜仔 m̄ 免買，kiâm-tôa-á 甕 me to̍h 有，若是雞母生 ê 卵孵無 hêng，to̍h ē-sái-tit 煎菜脯卵做配鹹，1 粒卵煎菜脯，iā-boeh 做飯包菜，iā-boeh 飯桌頂做配鹹，菜脯著 hē 較濟，其他無變步，總 -- 是菜脯搵卵炒，比 kan-na 炒菜脯加較芳，閤 ē-tàng 規家口仔分享。若是 tn̄g-tio̍h 年節拜拜，to̍h-ē 刣精牲、買魚買肉、買煙腸，hit 幾日飯包菜 to̍h 便便免煩惱，阿嫂眞 chhun-chûn，盡量儉 hō͘ Lah-jih chah 飯包。Chah 飯包，油臊上重要，有油 to̍h-ē 芳，摻有鹹 siam to̍h 配 ē 落飯，阿嫂 chiâⁿ 有變竅，kā 儉起來园 ê 豬肉，tok 做豬肉幼仔炒鹹瓜仔、kā 煙腸切片切薄薄炒蒜仔、kā雞肉捻絲炒豆醬仔，有芳閣有鹹，連紲幾若工ê飯包to̍h足phang-phài好食。

初中讀3冬，mā連紲chah 3冬ê便當，菜色大約hit幾項，罕得改換，有時厝邊頭尾相招炊碗粿，to̍h-ē chah碗粿做中晝頓，有時糯米比蓬萊米閣較俗，ē chah糯米飯ê飯包。看同學chah鹹鴨卵、chah魚肉、chah卵包，雖罔欣羨，並無siâⁿ Lah-jih流喙齒nōa kap歹勢iàn-khì，仝款hām逐家tī教室內食，同學有1个叫五百--è，in-tau開鐵工場，boeh晝仔in-tau工人騎鐵馬送飯包來，燒燙燙、phang-kòng-kòng，有魚有肉，有煙腸，有青菜，看人食kah笑吻吻，Lah-jih仝款食kah足滿足，一點仔自卑攏總無，五百--è問講：「kan-na按呢，敢食ē落--去？」Lah-jih笑笑：「m̄是食了了，你看！清氣tang-tang！」Hit工ê飯包菜kan-na 1粒芋仔囝sīⁿ--ē ê kiâm-tôa-á--niâ，芋仔sīⁿ--ê kiâm-tôa-á，鹹tok-tok閣無芳味，死鹹niā-niā。是天生條直性，抑是thian-thian戇戇，m̄知天地幾斤重，ah抑是看阿爸時常leh haiⁿ無錢，soah m̄敢siàu想有啥物好羹頓，厝內有siaⁿh食siaⁿh，飯包chah siaⁿh食siaⁿh，當然閣較m̄敢開喙討錢買其他chhit-thô物、喙食物？

有時實在揣無飯包菜，阿爸to̍h較苦仔jîm錢hō͘ Lah-jih家己買配鹹，阿爸每擺攏是jîm 1箍，叫Lah-jih買塗豆配飯上方便，1箍銀ē-tàng買2甌炒鹽塗豆仁，he甌仔是拜神明用ê酒甌，1甌尖尖5角銀，2甌配1粒飯包有夠--à，che是阿爸估價上低開銷。

Chah 1箍銀出門hit工，有jōa歡喜你kám知？囡仔to̍h是囡仔，講起來m̄驚人愛笑，1籠提--leh to̍h出門，車內暗思想，拍算boeh買啥物來配飯，想來想去，mā是阿爸講--è買塗豆上妥當，家己愛食閣配ē落飯，若是買其他配鹹，敢有he 1籠銀to̍h有thang買--è，心意掠定，彰化車頭落車，學生著排路隊「齊步行」，車頭前有1間kám-á店，行到位，趕緊閃入去kám-á店涼亭仔跤：「kā你買！」「kā你買塗豆！1甌to̍h好！」1甌5角銀，頭家用神明甌仔khat 1甌尖尖ê炒塗豆khǹg tī紙橐仔內，1籠找5角，接--起來khǹg tiàm衫仔袋，閣kā hit包塗豆tē tī倒爿褲袋仔內，趕緊行轉去路隊，行無幾步，to̍h ná行ná jîm褲袋仔，chit包塗豆中晝ē-tàng配飯包，實在有夠讚，閣找5角ē-tàng買，ē-tàng買啥物？買啥物？……ná行ná想，學校福利社ná像有leh賣パン(麵包)、雞卵糕、糖仔餅仔……mā有燒湯kap he烰--ē麵粉甜餅，kài-sêng眞好食ê款，ná行ná想，褲袋仔ná jîm，bē堪得jîm 2,3擺，枵鬼神來--ā，to̍h偷偷jîm。2粒仔khit來teh癮頭，芳to-tio̍h，2粒bē-kòe-giàn，to̍h koh noaih--2粒--à，塗豆芳實在眞siâⁿ人，tiām-tiām-á哺，芳tī鼻空內，手蹄仔tòng-bē-tiâu，hit支喙mā tòng-bē-tiâu，iau-sâi to̍h是iau-sâi，3-noaih 4-noaih，koh-boeh 1-noaih ê時，chiah發現chhun無20粒，che是中晝配鹹飯包菜，若kā食了了，中晝飯包boeh配siaⁿh？雖罔猶有5角銀，m̄-koh he 5角銀是boeh福利社買四秀仔tām-sám，伸入褲袋仔內hit支手趕緊勼倒轉--來，m̄-thang閣食--à。

上課已經到半晡，腹肚kū-kū叫，囡仔豚當leh大，早起頓透早5點食，chit-má已經10點外，腹肚當leh枵，遠路來

ê同學開始時行(偷)食飯包，he白米飯kan-na theh食to̍h眞好食，免配菜mā無要緊，歇睏時間已經kiat半粒，chhun半粒留leh中晝。

中晝頓大部分tiàm教室內食，有人揹去福利社配菜湯，mā有人iap去iap-thiap樹仔跤食，Lah-jih飯包配菜今仔日kan-na塗豆10外粒，仝款tiàm教室內食kah清氣tang-tang，飯包殼仔包好hē入屜仔底，to̍h起跤行向福利社，福利社tng鬧熱，頭家tng無閒，買炒麵、買滷肉飯、買菜湯，chia喝聲，chia貯飯，hia phâng盤，10外塊桌頂，學生囡仔坐密密leh食中晝頓，食kah津津有味。有人食飽koh-leh買四秀仔食chhit-thô，Lah-jih目睭金金看，看有he 5角銀ē-tàng買ê食物，烰--ē麵粉甜餅tī油鼎當leh滾，mā有幾塊khǹg tī鼎邊，1塊5角銀，甜閣芳，上ha̍h口味，「頭家，麵粉甜餅買--1塊！」咬一喙，酥酥、芳芳、甜甜，酥tī喙內，芳tī鼻空，甜tī心肝內，滿足ê心情家己知，別人看bē出來，thian-thian ê囡仔，iau-sâi ê囡仔……充滿天眞幼稚ê年代。

〔蕭平治〕

咱人6月16

Lah-jih _20150731

今仔日是咱人6月16，老牽手kûn 1支豬跤，kûn kah爛爛爛，koh sa̍h 一寮麵線，講boeh愛我老康健、跤健手健，保持勇身命。

Tit-boeh滿74歲ê老歲仔人，有目前chit款身體，ē行、ē走、ē拍球，koh-ē每日kap電腦輸贏，認眞leh寫台語文、寫咱ê台灣文化，算是猶ē使得。豬跤麵線是在來咱台灣人做生日ê好食物，做一睏kā kiat兩碗，實在好食。

既是做生日，ná-ē講tit-boeh滿74歲？其實今仔日ê咱人6月16，m̄是Lah-jih眞正出世ê生日，按怎講？1941年8月8日，tú好咱人閏6月16，chhiau-chhōe萬年曆thang知，太陰曆閏年閏六--月是眞少，咱若boeh按農民曆來做生日，Lah-jih到今年kan-na ē-tàng做3擺，chhun--ê ê生日攏m̄著時日，總--是世俗to̍h是按呢生，m̄-chiah序細bē記得，牽手是記tiâu-tiâu，誠濟年來，lóng是豬跤麵線食了，chiah知是過生日。

M̄是後生查某囝bē-hiáu，是因爲in早著知影19410808是太陰曆閏6月16，8月8日chit工tú好是爸爸節，利用chit工kā in pâ做生日兼慶祝父親節，閣較有意思。Chit-mái Lah-jih mā已經認定，太陽曆8月8日chit工to̍h是眞正正確ê生日。

各位網友，無論是Lah-jih ê朋友、親chiâⁿ、家己，暫時請mài講「生日快樂」，小等--一下！太陽曆8月8日hit工，咱chiah來跟綴社會時勢，kā所有做老爸--è祝福：「爸爸節快樂！」

〔蕭平治〕

1961年國民小學教員

Lah-jih _20141203

初中出業，考tiâu師範學校讀3冬，得著鐵飯碗，開始做囡仔頭王，教囡仔讀冊，出門 人攏叫我「老輸」，害我一生m̄敢跋筊，m̄敢sńg『大家樂』、六合彩，連股票mā bē-hiáu。

一身打扮tī囡仔看--起來 蓋成老師，頭毛烏sìm-sìm，自然to̍h是súi，白色シャツ/shatsu/襯衫1領100，抾襇西裝褲1條200，無錢買皮鞋，穿布鞋，布鞋1雙30，手錶眞重要，阿兄先借我掛。後壁彼台鐵馬mā kài重要，食頭路人，出入用步輦boeh thái ē使得，chhân-chhân先kā

鐵馬店賒，等待領月給chiah慢慢仔還，1台jōa濟？1300，khah-lím 2個月薪水。看伊喙仔笑笑，to̍h知影伊足滿足。

後壁教室是日人時代留落來--è，壁堵厝頂有修理--過，木造柱、楹，窗仔門原在，雖罔無媠，罔度罔度。出業頭一冬to̍h教六年級牛仔班，1班60个，隔轉年，學校長m̄放我soah，一定著擔任升學班，因為我是正師範學校出業。

〔蕭平治〕

大霸尖山叫魂記

Lah-jih _20130616

「Lah-jih！…Lah-jih！」………

「Lah-jih！…Lah-jih！」………

「Lah-jih！…Lah-jih！M̄-thang閣睏--à！緊khit來閣行，m̄-thang睏--à！」

眠眠中聽著牽--ê leh叫。

「O͘h！人足ài睏--è，閣hō͘我睏--一時仔--lah！」

話taⁿ講soah，隨閣睏ka-chōe，m̄知天地。

「Bē-sái-chit--lah，人攏行眞遠--ā-neh，無趕緊趕路bē-sái-chit！」

Siān-tauh-tauh ê身軀勉強ùi路邊塗跤peh--起來，ná行，牽--ê ná se̍h-se̍h念，驚我又閣睏--去。

行無半點鐘，又閣路邊坐--落去，「O͘h！足ài睏--è！」仝款隨時睏ka-chōe，深眠到m̄知天地，又閣著牽--ê：

「Lah-jih！……Lah-jih！M̄-thang閣睏--à！緊khit來閣行，m̄-thang睏--à！」

一醒一睏眠，一睏m̄知影thang精神，醒時趕路，睏眠路邊無夢m̄知人，一擺閣一擺，行半點鐘睏10分，ná叫ná

行tī遙遠ê山路，親像叫魂boeh落山……

1977年tòe人時行早起peh山運動，透早5點精神to̍h翁某相招出門，騎o͘-tó͘-bái到鼓山寺後壁peh尖峰，chi̍t-chōa來回點半鐘至2點鐘，轉到厝tú好款早頓準備kap囡仔上班讀冊，平均1禮拜至少維持5工ê出動，並無風雨無阻，mā已經鍛練kah不止仔gâu行ê體力，無論peh崎落崎，攏已經恢復早期內山生活ê跤力，經過按呢訓練，牽--ê mā有才調連紲行3-4點鐘久ê山路。近位八卦山坪peh了無kàu-khùi，to̍h利用歇睏日去別位peh，親像竹山、水裡坑、溪頭、鳳凰山、南投……ê淺山，1工來回趣味閣bē-thiám。Tam-tio̍h peh山滋味了後，2-3禮拜無peh，跤soah ē-ngiau，後--來有山友招boeh peh懸山，1暝2工，chhân-chhân報名參加，前1日kā囡仔交hō͘大嫂chhōa，to̍h放心仔出發，chit擺是去草嶺(草嶺潭)，是風景區，範圍眞闊，路草m̄是蓋好行，hit暝tòa民宿，眞正是山頂人厝宅，房間是總間chóng-pho͘眠床，因爲阮翁某上少年(36歲--à)睏中央，然後我ê倒爿睏查埔，牽--ê正爿睏查某，有人滾笑講：「蕭老師，tio̍h較好睏相--leh，暗時m̄-thang烏白péng烏白sa--ō͘！若sa過界to̍h m̄好。」

山內天氣眞oh ioh，明明日頭赤iāⁿ-iāⁿ，hit暝soah落大雨，天光日雨猶sap-sap-á落，厝主kā阮講客運車班bē通，boeh轉去to̍h-ài等下晡，看遊覽圖，to̍h建議逐家用步輦落山，用過去阿里山做工經驗，chhōa逐家ná chhit-thô景點，ná cháⁿ早路仔離開草嶺，無疑悟chit擺ê體驗引起趣味，蕭學校長、林老師、張老師等等一寡同事、朋友，to̍h漸漸趣味懸山ê挑戰。日月潭ê水社大山、集集大山、地利雙龍水chhiâng[瀑布]、八通關古道……攏bat去--過，爲著看牡丹花，去Lâng-lún[人倫]，順紲peh西巒大山，頭一擺peh上台灣百岳ê興奮，有人開始計畫挑戰台灣百岳ê行動。

記得是38歲hit年清明歇春假，蕭學校長、林老師、張老師招boeh peh世紀奇峰大霸尖山，2暝3工，kap牽--ê參詳講「好」了後，to̍h開始peh 3000公尺以上懸山ê準備，囡仔全款交hō͘阿嫂chhōa，除了chhoân寒天衫仔褲以外，特別準備羽毛衫，慣勢穿ê球鞋、厚襪仔，猶有其他li-li-khok-khok ê藥仔、用品……等等物件。

第一工ùi田中坐火車到新竹盤內灣線到竹東旅社歇暗，先租1台貨物仔車，明仔載透早boeh坐，to̍h早早睏眠要緊。

第二工透早5點半出發，10外人坐tiàm車斗內，山路彎彎斡斡，ùi淺山漸漸深入內山，一路有講有笑，心內充滿期待，已經bē記得坐gōa久時間來到登山口，海拔1700外公尺，已經感覺著內山涼冷ê天氣，逐家落車準備peh山。登山口到九九山莊大約4公里，九九山莊標高2699公尺，1000公尺落差，因爲是登山客chia̍p行路線，路草清氣好peh，有路標、有「注意狗熊」「tit-boeh到--à」「iáu chhun半點鐘--niâ！」Chit款鼓舞趣味告示，崎罔崎，無人喝thiám。

踏入「九九山莊」大約下晡一點，房間客滿，蒙古包mā滇滇，眞濟山友只好tiàm外口家己搭布篷。因爲有登記，有留阮ê眠床位，雖罔khah-kheh淡薄--à，總--是比tī外面siàn霜風較贏。

透早5點精神，經過8-9點鐘ê勞苦，講無忝是無影，m̄-chiah逐家行李整理--一下，tò͘h撐leh眠床眠--一下，歇睏了後，全體集合九九山莊牌樓前翕相，四界lau-lau--leh。冷sih-sih ê暗暝，濟人ê kheh燒，一醒到半暝起來放尿，清清ê山頂，1粒1粒ê火金星giȧp-giȧp-sih，m̄知有gōa久無看著chit款「天星粒粒明」ê天頂，一時想著囡仔時tī門口埕倒佇theⁿ椅看天星ê記智，實在有夠冷ki-ki，明仔載需要行kui工路途，m̄敢iân-chhiân，趕緊閣藏入被內安眠。

天phah-phú光，khit來洗盪，hit幾个2-30歲ê少年家已經提早1點鐘出發，阮chiah-ê 4-50--è chit-mái tò͘h-boeh行向世紀奇峰大霸尖山。九九山莊到大霸尖山大約有7-8公里路程，ùi 2700公尺到3492公尺懸度[高度]，看山勢m̄是kài崎，只是路頭遙遠，抱著歡喜好奇ê心情，有講有笑，ná看路草ná看景緻，nǹg過ōm-ōm箭竹林，hāⁿ過昨暝承雨ê水窟仔，閃過路頂猶未溶化ê冰雪，ná行ná翕相，ná行ná看路邊花草，一時家婆性又閣giâ--起來，憑tī阿里山做工peh山經驗，關照逐家是應該--ê，m̄-chiah有時行做前，kā人翕相，有時押尾關心喝thiám ê查某人，一路順順序序無táⁿ-hiáⁿ，mā無人喝跤酸歹行，行過一彎koh一斡，行過一崎koh一嶺，行來到雙叉路口，加利山tī正手爿無外遠，m̄-kuh he m̄是阮ê目標，繼續行，行過伊澤山kap中霸，來到koân地尾站，唯一目標大霸尖山突然出現tī目睭前，

「tī hia！Tī hia！大霸尖山tī hia！」

「tit-boeh到--à！Tit-boeh到--à！」

看chia視野特別闊，翕相取景特別súi，一時腹肚mā已經iau，to̍h決定歇睏相等會齊chiah來peh-chiūⁿ大霸尖山……

「Lah-jih，徛較過--一點仔好--bò͘！Chit个角度翕相上súi！」林老師boeh kā林太太翕相。

「Boeh翕相也bē-hiáu換位。」

「無--lah，chit个角度較媠，拜託你徙較過--leh！」林老師閣講一擺。

「人林老師boeh翕相，咱小徙--一下！」牽--ê提醒。

「Boeh徙伊家己徙，ná著叫我徙？奇怪--neh！」……

人馬齊到，閣再行，行向世紀奇峰大霸尖，來到風口前，看he大霸尖山有sêng一跤四角熬酒桶，北爿是崩壁，無半欉樹，mā無發草，西爿是驚險趨趨崩敗坑溝，一時間想起影片中ê米國大峽谷，景色有夠súi，風景有夠奇，徛恬戇神欣羨，趕緊kā牽--ê翕相，m̄知是taⁿ食飽肚重，soah起愛睏，放牽--ê家己欣賞美景，家己路邊平坦所在小眠--一下，m̄知睏gōa久，牽--ê叫醒，開始行向風口，風口入--去是崩壁小路，正爿落--去是萬丈深坑，sè-jī要緊，叫牽--e mài越頭看坑溝，跤步著踏在，斟酌落屎砂石。行過驚險山壁，倒斡斡向東爿，起起落落peh崎路草，來到期待向望ê三角點下跤，koh peh大約30公尺鐵梯to̍h-ē完成願望，chia ê視線ē-tàng看真遠，天清無雲，對面山峰一清二楚，掠一下角度kā牽--ê翕一張相，chit時感覺體力小可無爽快，而且peh山山友ká-ná阮兩个是siōng-kài押尾，牽--ê叫我趕緊peh上鐵梯，是我考慮身體狀況，決定無boeh冒險，to̍h sio-chhōa越頭落山，落山跤頭是較輕鬆，m̄-koh ná-ē 愈行愈厭 siān？斡一斡轉來到崩壁小路。

「O͘h！人足 ài 睏 --è！」坐落，phēng-tiàm 山壁瞌目開始睏眠。

「Lah-jih，人 tit-boeh 過路，你 kā 跤勼 -- 轉來！」牽 --e ê 聲。

「Boeh 過 ā-bē-hiáu kō͘ hāⁿ--ē。」

「ah 你 kā 人 ke̍h-tiâu--leh，kā 跤勼 -- 轉來 --lah！」牽 --e leh lo-so。

「Boeh 過叫伊家己過，足 ài 睏 --è！」……

「Lah-jih，好 -- 起來 --à」拖著戇神戇神 ê 跤步，綴牽 --e 一步一步行，kan-na 綴 leh 一步一步行、一步一步行、一步一步行……

「O͘h！人足 ài 睏 --è-lah！」………

「Lah-jih！…Lah-jih！」………

「Lah-jih！…Lah-jih！」………

「Lah-jih！…Lah-jih！M̄-thang 閣睏 --à！緊 khit 來閣行，m̄-thang 睏 --à！」眠眠中聽著牽 --e leh 叫。

「O͘h！人足 ài 睏 --è，閣 hō͘ 我睏 -- 一時仔 -lah！」話 taⁿ 講 soah，隨閣睏 ka-chōe，m̄ 知天地。

「Bē-sái-chit--lah，人攏行真遠 --ā-neh，無趕緊趕路 bē-sái-chit！」

Siān-tauh-tauh ê 身軀勉強 ùi 路邊塗跤 peh-- 起來，ná 行，牽 --e ná se̍h-se̍h 念，驚我又閣睏 -- 去。

To̍h án-ni 一醒一睏眠，一聲閣一聲，親像叫魂落山 ê ho͘-

hiàm無停睏，m̄知經過gōa-chē擺……

下晡4點外，總--是踏著輕鬆跤步，轉來到九九山莊。

「哪會行到chit-chūn？阮lóng-leh等--恁。」雖罔無受氣，淡薄仔關心mā淡薄仔無歡喜ê林老師講。

「ah tō一路ná叫魂--leh，ná行ná叫伊m̄-thang睏，有影拖傷久，歹勢！」牽--ê會歹勢。

「Ah chit-chūn看你m̄是chiah-nī輕鬆，有講有笑？」

「Hèⁿ--à，哪會chiah-nī奇怪？」

「原來蕭老師有高山症？危險--neh！」

「原來--ò͘，風口前hia leh翕相，to̍h感覺蕭老師今仔日哪會各樣各樣，應話kap平常時無仝款，蕭老師！你m̄是阿里山、楠仔仙溪來來去去ê做工人，都也m̄-bat聽你講適應不良？」

「Taⁿ無要緊--à，2700公尺，だいじょうぶ！」

▲一行17名，九九山莊留影。

▲san-óa-pn̄g，san-i-óa，感情相透。

▲佇懸山，翁某tàu-tīn行，惜命命。

▲徛懸山看山景。

▲輕鬆 1 步 1 步，無驚遙遠路途。

▲輕鬆1步1步，無驚遙遠路途。

▲歇睏一下，大霸尖山 tit-boeh 到 --à。

▲到遮stop，m̄敢peh上三角點，bô-chhái。

▲日治時期新竹州大湖郡大霸尖山舊照：Download 臺灣國定古蹟編纂研究小組（National Historic Monuments of Taiwan）

思　母

Siau Lah-jih 2007/8/2 再修正
（1995年8月發表tī台文通訊41期）

講著我chit-ê人，心肝實在眞硬，che並m̄是講我ê人無感情，無血無目屎，事實上，你若bat--我，你tō會tàng瞭解，我實在是一个眞重情眞惜情ê人。

不過，重情歸重情，惜情歸惜情，ah若無因無端（toaⁿ），beh用感情ê代誌來感動我，koh想beh趁我ê目屎流，tō無hiah-nī簡單--lò͘！

四十thóng年前，iáu是gín-á ê時代，有一pái tī廟埕看平安戲。戲棚頂搬--ê是歌á戲，有一个苦旦hō͘人苦毒，hō͘人放sat，眞正可憐，tī棚頂hia是哭kah悽慘落魄，害得棚跤ê阿婆--ā、cha-bó͘人、cha-bó͘-gín-á嬰，隨ê（sûi-ê）lóng看kah目khơ紅紅，頭殼taⁿ-taⁿ，有ê lún bē-tiâu--ê，soah tòe-leh哭，哭kah目屎流目屎滴，只好提手巾拭目屎，拭kah規條手巾á tâm-kô͘-kô͘。

Chit-ê時陣，khiā tiàm戲棚跤ê我，雖然mā是看kah gāng-gāng-gāng，心肝頭chhat-chhat，足艱苦--ê，m̄-kú目chiu猶原是金khok-khok，目khơ bē紅，目chiu bē-tâm，tō是鼻管小khóa-á酸--一下mā bē，我講--ê心肝硬，tō是指chit種ê心性。

Thèng候到青年時代，chit款心肝硬ê性質iáu是kāng款，一屑á都無改變。Ē記得有一pái，kap朋友去看「秋霜花落淚」ê美國片電影，劇情是án-ne：一對情人，眞正飄撇，cha-po͘--ê是緣投大pān，cha-bó͘--ê súi-tang-tang，氣質koh好，是hit-lō͘ hō͘人看--著，就會想beh kā i娶來做bo͘ hit型ê cha-bó͘-gín-á；chit對戀人結合了後，眞是hō͘人欣羨，tī我ê 心內mā一直kā in祝福，kā in tàu歡喜。

M̄-kú，「自古紅顏女子多薄命，多情是空遺恨！」M̄是in二人僥心變卦，是cha-bó͘-gín-á in兜ê序大人反對，看人無目地（ba̍k-tē），講伊是庄跤人，pē母tī社會無地位無出名，tō án-ne,一對幸福ê姻緣，硬硬hō͘人拆散--去，劇情搬kah hit路尾，hit-ê súi cha-bó͘-gín-á soah來離家出走，最後只有用自殺來了結伊ê一生，變成一場ê大悲劇。

電影soah場，電火一下to̍h [亮]，越頭beh招朋友離開戲園chiah 發現，坐tī邊--a ê朋友，目睭含著tâm-tâm ê目屎，鼻á鬧chhngh--一下chhngh--一下，tiām-tiām坐tiàm 原位，無想beh peh--起來！我kā講：你實在有影眞好煽動、眞好騙--neh！「cha-po͘人ê目屎，怎thang隨便流？」

到此當今，lóng已經大人大種--à！歲數mā已經過半百，siáⁿ-mih款ê人生悲喜劇m̄-bat看--過？M̄管i是jōa-nī苦慘ê遭遇，ia̍h是jōa-nī傷心ê代誌，想beh siâⁿ得我來流落一滴同情ê目屎，iáu是無hiah簡單。譬論講，厝邊隔壁ê老大人老--去！Ia̍h是參加親情朋友兜ê喪禮……無論是jōa可憐，jōa pháiⁿ命，long bē-tàng引起我用流目屎ê方式來kā 表示同情，kan-ta^n 會曉將同情 ê 心思，深深 khǹg-tiàm 心肝內，kek tiâu--leh[慦在心裡]！

M̄-kú 有一項眞例外 ê 代誌，m̄ 知 àn-chóa^n，每一 pái 若是 tn̄g 著有關係著母 á-kiá^n ê 感情時，就無 thang 像頭前講 --ê án-ne「心肝硬」--lò͘！M̄ 管伊是老母想著細 kiá^n，iah 是 gín-á hō͘ 人欺負 teh 哭阿娘，孤單無伴，腹肚枵，跋倒 --ì teh chhōe 媽媽；無論是搬戲做 --ê，電影電視 ê 劇情，iah 是報紙雜誌古冊描寫，路頭路尾親目看 -- 著，甚至是家己無張無持想著細漢無老母 ê 代誌，lóng-ē hō͘ 我感覺一陣 ê 心酸 kap 畏寒，有 tang 時 á 目 kho͘ koh-ē 含著一絲 á 目屎。有幾 nā-pái，目屎 tâm 目 kî^n ê 情景，去 hō͘ 牽手看 -- 著：「你是 àn-chóa^n--hioh？」一時間 soah m̄ 知影 beh àn-chóa^n kā 應：「我 teh 想阮老母 --lah！」實在有夠 phái^n-sè，lóng 五十外 --ā，iáu-koh ná gín-á--leh！

聽阿兄 in 講：「你五歲 hit 一年，ī--ā（阿母）因爲 khioh gín-á [生孩子] 無順序，一命 soah 來過身 --ì！」算算 --leh，hit-chūn 我 mā chiah 四歲足 --niâ！Siá^n-mih 代誌 mā m̄-bat！致使到 ta^n，連阿母生做 siá^n-mih 模樣？Sêng chiâ-ê 面模 [像誰]？一點 á 印象都無。無論阿爸、阿兄 àn-chóa^n kā 我譬論、說明，iah 是厝邊隔壁 ê 親堂，詳細比較我兄哥、阿姊 ê 特點 hō͘ 我做參考、iáu 是無法度感覺慈愛母親 ê 形影，到 kah 今 á 日，我 kan-ta^n 知影，阿母生做 chiâ^n 大漢，比阿爸 khah koân，心肝 chiâ^n 好，在生時，時常 kah 人去山內 khioh 柴 [撿柴火]，阿母 ê 跤手足 liú-liah--ê [敏捷]，每一 pái，家己若 khioh 有到額，一定會 kā 厝邊 ê 同伴 tàu 相共，幫忙 khioh 到有夠一擔，chiah 相招同齊轉--去！因爲i做人bē-bái，莫怪到taⁿ庄內老一輩ê人，若是講著振á嬸婆ê做人，lóng-mā o-ló kah tak chih。[讚美有加]

一世人ê生活中，m̄知有jōa濟pái tī夢中tn̄g著阿母，m̄-kú每一pái夢見阿母時，lóng看bē著i ê形影，只是感覺阿母好親像khiā tiàm我ê身軀邊，也無kā我講kah半句話，只有tiām-tiām khiā teh看，hit時chūn，我lóng-ē感覺chiâⁿ溫暖chiâⁿ滿足chiâⁿ幸福！但是到路尾，lóng會忍bē-tiâu，大聲吼--出來，ká-ná細漢gín-á chhōe無老母hit一款，大聲mà-mà吼！哭kah規ê面lóng是目屎，thèng候哭kah甘願--ā，chiah發覺阿母m̄知tī時離開走--去à！雄雄hiăⁿ--一下！精神chiah知，原來是一場眠夢，夢kah是hiah-nī生眞，hiah-nī實在，摸摸目箍，目屎猶閣kâm-tiâu--leh……足久足久，chiah koh tī思念中睏--去！

失神tī思想阿母ê過去，墜入在無窮ê懷念深淵，感覺嚨喉管（kńg）giōng-beh tīⁿ ê時陣，突然間，一聲：「爸！你是àn-chóaⁿ--hioh？」Chiah將我giú-tńg現實ê眼前，原來是細kiáⁿ teh叫--我，我無kā應聲，小等--一下chiah kā伊問講：「哲--ê！你bat阿媽--bò？」

「Bah--ā！是『爸爸』ê『媽媽--ā！M̄-kú我m̄-bah看--過！」

「Hò ！」

「Ah『爸』！阿媽教lín有iâm--bò ？」

「Siaⁿh？哲--ê你teh講siaⁿh？」

「我teh講阿媽ē iâm iah是bē iâm--lah！」

「Káⁿ ē chiáⁿ--leh，ē giâm iah bē giâm--lah，「g iam」giâm，

清水巖ê giâm，m̄ 是鹽！阿媽有嚴無嚴，我mā m̄ 知，應該bē chiah-tio̍h，你看阿爸ê性地mā知影！」

突然間，bē記得thâu-tú-á ê心酸傷悲，kui頭殼lóng是細kiáⁿ變形ê話語，siáⁿ-mih時陣家己厝內ê母語也發生了問題？Che實在是一个眞正嚴重ê問題。Lán ê母語失去了眞濟，若beh談論--起來，iū-koh是一層眞正嚴肅iū-koh疼心ê代誌。

四十外年來，政府推sak『國語政策』眞正用心，眞正有效果，特別是ùi 國民小學一年生開始，tō開始i ê『國語直接教學法』了後，語言ê統一，m̄-nā釘根tī學校內--niâ，而且湠到每一个家庭內。做爲一个傳道、授業ê教育者，過去mā一直kā伊o-ló教育ê成功，有tang時á koh-ē怨嘆chit種教學法，ná-ē m̄ khah早發明--leh，若無我ê「標準國語」mā bē講kah put-tap put-chhit，講kah chit-má猶講bē lián轉。

我實在是一个無知無覺ê戇子弟，三十外冬ê白墨生活，一直khiā tī烏枋面頭前，堅守本分，幫忙政府推sak統一語言teh phah-piàⁿ，到taⁿ chiah「一時雄雄忽然間」發現，原來我是一个Hō-ló人ê戇子弟，Hō-ló人ê罪人，阿母ê不孝kiáⁿ！

阿母！原諒kiáⁿ兒ê不孝無知！從今以後，我一定會好好--a將你教goán ê 話，傳教hō͘你ê kiáⁿ孫，相信免gōa久，你定著聽有lín孫講ê話，你一定會聽kah笑bún-bún，聽kah足歡喜--è。

【註解】

趁我ê目屎流：[賺取淚流]

四十thóng：四十超過一點á。
頭殼ta^{n}-ta^{n}：[抬頭]
Tâm-kô͘-kô͘：[濕漉漉]
看人無目地：看人無起。
怎thang：ná-ē使得。
Siâ^{n}：[吸引，引誘]
Chhngh--一下chhngh--一下：[抽抽噎噎]
Thèng候：等候。
Giú-tńg：[拉回來]
Chiá^{n}：清淡無味素。
Thâu-tú-á：頭抵仔，[剛纔]
湠：[漫延]
Put-tap put-chhit：無正經，無正牌。
戇子弟：gōng子弟。

〔蕭平治〕

音樂、音響、sim-sek、sńg

Lah-jih _20121220

Sim-sek是leh講sńg ê過程。

Sńg是leh講m̄是kài用心，kan-na「好sńg」niā-niā，bē-tàng chiâ^{n}做內行人來展寶。

音樂主要是leh講學校ê教學內容。

音響是leh講Lah-jih一生聽音樂ê家私頭仔，按怎leh chhia-poa̍h-péng。

「Iū-koh leh chhia-poa̍h-péng--à，tiàm he電視櫃仔後壁壁堵lak hit-khang是boeh創啥？」

「講hō͘你bat，喙鬚to̍h好拍結，boeh chhng喇叭線起去樓頂--lah，按呢to̍h ē-sái-chit tī二樓房間聽音樂。」

徛家樓仔厝kap隔壁兜無公家壁，壁堵kap壁堵中間làng一縫，ē-tàng seh入去chhng喇叭線，tī樓頂安2粒鼓吹，ùi樓跤客廳主機分線接樓頂喇叭，按呢樓頂房間to̍h有音樂thang聽。有音樂thang聽，暗時to̍h加眞好睏，1塊CD聽無5分鐘久to̍h睏kah kō͘ⁿ-kō͘ⁿ叫。

結婚20冬來，to̍h算hak chit組siāng-kài貴，組合音響，有CD，有卡帶，有喇叭，開4萬箍新台票，超過1個月薪水，歡喜是眞歡喜，滿足是眞滿足，講著錢to̍h感覺疼tiuh-tiuh。窮實m̄是看錢ná性命，實在是經濟ân-tòng-tòng，愛到--à，phì-phì kap牽--ê參詳chiah決定--ê。因爲khǹg tī人客廳，boeh聽家己kah意ê古典音樂，總是較無方便，爲著加一套，m̄-chiah家己天才想chit步，iū-koh著kā牽--e三kơ-chiâⁿ四kơ-chiâⁿ，追加1對喇叭。

有較高級音響thang聽，to̍h開始趣味看音響雜誌，研究聽音響ê智識，接線、定位、開機、保養、排疊……，總講一句，to̍h是boeh了解按怎pâi-thia̍p chiah-ē好聽，看音響雜誌siāng-ài看he音響器材紹介，看主編ê分析ná看ná趣味，ná看ná kah意，m̄-koh若看著價siàu，kha̍p-bē-tio̍h著十幾萬、幾十萬，siāng-sio̍k--è mā著5-6萬箍，kan-na想都m̄敢siàu想，只有癮仙膏ê份。看清現實，改善現有ê器材較重要，chhiâu-sóa 喇叭位置、kā喇叭thiap跤尖⋯ 等等一寡撇步，若有一寡效果to̍h感覺心滿意足，m̄-chiah ē時常chhia-poa̍h-péng，徙來徙去，接來接去。

對好聽音樂聲感覺趣味，有記智ê年紀大概是tī 8-9歲時，囡仔時代常捷聽阿爸kap人挨弦仔唱七字仔，to̍h感覺眞好聽，加減ē家己罔挨罔學，koh-iā小可挨有花字，差一點仔to̍h hō阿爸送去曲館學絃管。讀國校5年，頭一擺聽著老師彈風琴教阮唱歌，是第一擺接受西洋樂器，到讀初中chiah接觸著小吹聲、鋼琴聲、小提琴聲、品仔聲、口琴聲，聽著chia ê優美樂音，心內充滿新奇、趣味、欣羨，趣味是趣味，散赤保守ê庄跤囡仔是m̄敢siàu想boeh買啥物樂器來學。Tī學校因爲有琴聲ê伴奏，對唱歌koh-khah感覺心適愛唱，chiok-ài上音樂課，欣賞老師彈琴koh ē-tàng開喙大聲唱歌。初二hit年，參加學校品仔隊，學ē-hiáu歕品仔，家己歕家己欣賞，to̍h感覺足歡喜--è，有一工看隔壁班同學leh歕口琴，眞好聽，to̍h探聽tī tó位買、gōa-chē錢，tiàm心內sìm幾若禮拜，chiah決定寫批kā四兄討錢來買。讀師範學校時，bat聽過2擺演奏會，對ピアノ(鋼琴)、バイオリン(小提琴)產生眞大欣羨，猶是仝款m̄敢siàu想boeh-ti̍h，一直到師範第三年下學期，lún-bē-tiâu慾望ê siàu想，chhân-chhân koh一擺寫批kā四兄討錢買1支バイオリン，可惜無錢倩老師教，只好家己「無師自通」，學到put-tap-put-chhit。學音樂學無成，加減對樂理、樂器、演奏技巧有淡薄仔體會瞭解，chia-ê智識影響未來蓋大，m̄-nā ē-tàng tī學校彈琴教學生唱歌，mā ē-tàng休閒時間自我消遣gī-niū唱歌、欣賞音樂。

正規學音樂無koh siàu想，演奏樂器小可ē-tàng娛樂家己，欣賞音樂聽歌上趣味，聽音樂需要ラヂヲ(收音機)電唱機，厝前Chàn-seng-á in-tau有一台，有時聽電台放送，有時放唱片，伊koh-tī厝外安裝1粒喇叭pun人聽，每kái若聽著音樂聲，to̍h走去頭前門口埕bih-leh偷聽，聽kah耳仔phak-phak，放送--è攏是流行歌曲，m̄是台語to̍h是日語，ài唱台語流行歌攏tī 讀師範進前chit段時間無hêng中kah意--起來è，hit-tang-sî上kah意聽文夏ê歌。

踏入社會做老師，開始有薪水領，有錢to̍h有信用，經過朋友紹介，kā電氣行頭家賒一台6粒球仔êラヂヲ(收音機)kah電唱機，免保證，用喙chhóaⁿ，to̍h ē-tàng 分期thoaⁿ納，提早享受聽音樂ê趣味。

人講「食飯食俺爹，趁錢趁sai-khia」，我是趁錢家己開，食飯食飯坩中央，兄嫂攏無khe-khó，每個月薪水若領，較儉mā著去唱片行買1-2塊烏膠唱片來聽。後--來看朋友聽ステレオ立體聲，koh-khah siâⁿ人慾望，隔轉年iū-koh叫人組一組鐵殼仔8粒球仔立體音響，開去2個月較加月俸，將近boeh 2000箍，ステレオ立體聲有立體ê感覺，聲音ùi倒爿走kah正爿，ùi正爿走kah倒爿，實在稀奇，聽he交響樂演奏kài-sêng聽現場，人聲、樂器聲pâi-thia̍p kah ná眞--ê，m̄-nā心適koh加眞好聽。Thó-chè開錢ê結果，mā加減影響著家庭ê

活力，厝內有音樂，增加bē少鬧熱，聽歌仔戲、聽布袋戲，年節鬧廳歕春，加眞有氣氛，可能是chit款緣故，阿兄阿嫂m̄-bat阻擋計較--過。

做兵退伍娶某了後，責任自然來，早前hit組音響已經歹去，暫時m̄敢想boeh hak新--e，簡單買手捾音響暫度，有音樂thang聽to̍h好，規日無閒tī學校教冊kap chhōa囡仔、幫忙牽手經營西裝社，因爲稅厝徛，mā無閒工心情sńg音響。10年經過，hak第一間ná粉鳥櫥2樓厝，生活小可安定，to̍h-koh開始siàu想高級音響，chit時已經進入卡式錄音帶時代，耳空開始kéng-koai，7-8千箍貨色bē-giàn聽，chiūⁿ萬以上閣無hit-lō才調，規氣閣等，成家結果to̍h是囡仔1-ê 1-ê來，生活開銷利不及費，無閒tī走chông顧囝顧家ê生活中，一目nih iū-koh過去3-4冬，總--是有較粒積ê時陣，kap某參詳結果，tī台中看kah意一組3,0000箍綜合機兼一對喇叭，試聽mā已經試聽好勢，等待1點鐘後納錢交貨，siáⁿ知陪太太去台中公園se̍h 1-liàn了後，soah「暗頭仔食西瓜⋯」反悔無boeh買，爲著個人享受，開chiah濟錢實在開bē落--去，經過koh-chài chhiau-chhōe，chiah買1台17,000箍ê貨色，都也勉強滿意。

時間ná飛，除了固定月給以外，牽手經營ê西裝店幫贊眞濟，囡仔會大，厝間猶原是粉鳥櫥，勉強koh買1間半舊落30坪店面，整修後到徙入去tòa已經是半百年紀，配合人客廳簡單設備，to̍h買1組環繞音響，有前聲道、後聲道、遙控、CDプレーヤー、卡帶，開去4,0000箍，chit聲眞正進入「sńg」音響ê開始，過去hit段長ló-ló ê 20幾年來，對聽音樂、買音響ē-sái講充滿好奇、期待kap戇想niā-niā，chit-mái chit台50瓦有環繞ê Amplifier hō͘人充滿期待。音樂會聽現場，樂團tī頭前台頂，樂聲是Stereo立體聲，左右分開，che Surround Sound環繞音響，人tī前後喇叭中間聽，he聲音是啥款感覺？是m̄是hit種四聲道音響？用想--ē 想bē出--來，趕緊動手要緊，開始牽線kā後壁喇叭掛tiàm壁頂，線路接好勢，開機、khǹg CD，揀hit塊有 Surround效果--è，樂聲一出現，kui-ê客廳khin-khin khiang-khiang、tin-tin tiang-tiang，前有後mā有，倒爿是提琴，正爿是鋼琴，猶有he鼓聲ná像tī樂團ê後壁位置，Ná-ē chiah心適chiah趣味…，爲著「好聲音」，開始chhiâu-chhe̍k喇叭位置，換訊號線、喇叭線，因爲m̄甘開錢，貴--è開bē落--去，效果當然有限，sńg無半年to̍h感覺ià-siān，猶是聽he Stereo立體聲較實在，爲著家己hèng聽古典音樂，m̄-chiah加買一對喇叭，分線起去樓頂，m̄-chiah tiàm he電視櫃仔後壁壁堵lak-khang，眞正是天才chiah-ē想著chit款撇步。

音響常識無底深坑，開機進前一定著檢查接線是m̄是「正確」，開機進前音量需要「歸零」，chit種基本常識是kā hit台Surround Amplifier sńg報銷--去chiah知影ê智識。主機害去著換新--ê，參考雜誌紹介，去員林音響店試聽Orlle了後，開28,000箍to̍h kā mo̍h--轉來，講著錢，全款開著疼tiuh-tiuh，m̄-koh「oa」一聲to̍h知影開錢開了有價値，「che m̄-chiah

是眞正音響！」Pá-tī^{n}、sio-lo̍h、低音 bē hm̄ bē chak、koân 音 bē 尖，眞正好聲，聽 he 流行歌，iù-jī、輕鬆，聽 ē 出演唱者 ê 個性、情感，聽 he siōng-ài 聽 ê 古典音樂，koh-khah 感動，Violin ê 泛音柔軟 mî-mî，piano 聲 tēng-pak，mé-chhè bē 拖沙，聲音 1 粒 1 粒 chiâ^{n} 明，kui-ē 樂團發出 ê 力頭 power……，是頭一擺感受著『帕華洛帝』hām『破瓦落地』ê 精差是啥物？Che 是配合 hit 對細支 B&W ê 效果，o-ló 兼觸喙舌，滿意度 9.5。紲落去買 CD 來聽是重點，古典音樂較 kah 意熟似 ê 音樂家 Beethoven、Chopin、Mozart、Vivaldi……，西洋老歌、台語老歌、日本演歌，歌仔戲、南管 kap 現此時 ê 各種流行歌、演奏曲……，聽若 kah 意 to̍h 買，尤其是 he 發燒片、啥物幾粒星、TAS 名盤，橐袋仔若飽飽，隨時買轉來聽，耳空聽 kah ē 出油，CD 唱片 1 日 1 日濟，siá^{n} 知 ná 聽 ná 歹款，對音響器材要求 mā 愈來愈 kéng-koai(揀乖)，除了致重音質 kap 出力，開始斟酌大師劉漢盛所紹介「音響二十要」ê 超低音、音場、細節……，一組無超過 5 萬箍 ê 器材，boeh 要求精密品質是無可能，總 -- 是 ē-tit 聽著一寡 éng-kòe m̄-bat 聽著 ê bass 聲、微微 ê 伴奏聲，to̍h hō 我 thiòng 入骨髓，目 bui 心 bê，愈聽愈入迷，愈聽愈戇神，ná 像食鴉片，音樂 siâ^{n} 人迷茫 ê 關節 tī chia，雄雄 chiah 發現作曲者、演奏者 ê 功夫 ná-ē chiah-nī hō 人欣羨敬佩。

人講「人心牛腹堵」，慾望永遠貯 bē-tī^{n}，對樂聲 ê 追求從來 m̄-bat 滿足 -- 過，牽 --ê 看我聽 kah chiah-nī 注心滿意：「按呢滿意 --à-ho^{n}h？」

「暫時眞滿意！」

「ah無後日boeh-koh買--hioh？」

「He當然！錢水若有夠額，to̍h-ē koh siàu想較讚--è。」

10幾年來，牽--ê一直建議「等較有錢--leh！等較有錢--leh！到時chiah買一組足讚足讚--è，12吋ê喇叭，ē phōng koh-ē khiang--e…」。伊boeh-thài-ē了解，無音樂ê生活是goa-nī無聊goa-nī ta-sò ê日子，眞正「講hō你bat，喙鬚to̍h好拍結」。

1994年開始趣味唱カラオケ(Karaoke)，hit台Orlle留leh純聽音樂用，koh hak 1台100瓦主機、大支喇叭kap VHS錄放影機、Echo混音機(迴音混音機)、mài-khuh(microphone)開去5-6萬箍，che是規家口仔ê享受，開了chiâⁿ有價値。總--是對聽音樂ê要求m̄-bat停睏--過ê我，1995年，有一工看著田中街路新開一間音響店，入去參觀，熟似頭家楊--先生了後，知影m̄是一般電氣行，to̍h pìⁿ-chiâⁿ店內常客，楊--先生bē囥步，tī伊hia得著眞濟音響常識，koh ē-tàng tī伊ê音響室得著印證，伊了解我對聲音ê要求眞龜毛，錢koh開bē落--去，to̍h紹介1對二手貨 瑞士小喇叭Pawel Acoustics Ensemble，允准搬轉來厝--裡試聽，聽到滿意chiah決定boeh買抑m̄買。眞正好喇叭，一聽to̍h kah意，細支bóng細支，低聲眞飽tīⁿ(滇)，聽鼓聲tēng-pak肉聲，koân音順耳，聽女koân音iú-jī鑽入雲頂bē鑿耳，中音上滿意，甘甜nńg-lio̍h koh耐聽，聽久bē ià-siān，試聽1禮拜，決定留--落來，3萬ê價siàu買10幾萬ê貨，tiông--tio̍h-à。無獨立聽音響室，只好kā家己ê睏房當做聽音響好所在，暗時牽--ê tī樓跤看TV連續劇，家己to̍h tiàm樓頂房間聽音樂，迷醉tī音樂家、演奏樂團、演奏者、演唱者kap樂器之間ê對話。

退休後第二冬，有一工tī網路拍賣市場影著1台7粒球仔ê綜合機，看價siàu boeh賣6萬箍，心iū-koh浮動，手iū-koh ngiau-ngiau，眞空管發燒機，因爲價siàu貴參參koh oh侍候，一直m̄敢siàu想，忽然間看著chit台20瓦眞空管綜合機，chiah boeh賣6萬箍，上網路揣經銷商看詳細，風評bē-bái，原價9萬外，ē-tàng做後級連結，使用無夠1年，ē買得，to̍h按呢開始進入球仔ê發燒世界。無聽無比較，to̍h像鼓井水蛙，開機了後to̍h知輸贏，m̄是欣賞he球仔光影，是hō͘ he sio-lo̍h sio-lo̍h溫柔中閣有力頭ê聲音吸引，尾音ê延續chhèng koân音自然無壓迫感，若是幼聲siu-soah，閣hō͘你聽kah一清二楚bē斷氣，清koh明，顯出ê人聲是中氣十足，感覺ē出演奏者ê投入，聽ē出作曲家幼膩ê思想舖排，感動tī注神中m̄敢喘氣，感動tī作曲者演唱演奏者ê天才kap苦練成果展現。眞空管ê音樂輸出，人講是發燒管機，眞空管ê痴迷者，人講是發燒友，眞正有影頭殼發燒phaíⁿ去？無聽過boeh-thài-ē了解，聽過了後chiah知啥物是樂聲，啥物是好聽，啥物是好物，啥物是High-End。

Sńg是tú好to̍h好，sńg了過頭to̍h pìⁿ-chiâⁿ失去聽音樂ê趣味。Lóng是因爲散赤，學琴學無成，學音樂mā kan-na限制tī學校ê課表內，偏偏to̍h是對音樂聲有意愛，m̄-chiah 4-50年來，浸tī聲音ê要求、音響ê追求一直無pàng-soah，因爲錢開較bē落--去，無法度眞緊達到希望，mā因爲bē-tàng滿足現實koh充滿向望，chiah-ē sńg bē-siān，sńg bē-soah，che mā是一種享受。

人生70外，sńg音響聽音樂超過50冬，現此時使用J.C.Verdier 220DE擴大機，Rega Apollo CD唱盤，Pawel Acoustics Ensemble瑞士小喇叭，假使牽--ê koh一擺問講：「按呢滿意--à-hoⁿh？」

「滿意！滿意！非常滿意！」應該是m̄免考慮ê回答，雖罔心內猶原siàu想he百萬音響ê享受。

〔蕭平治〕

八月15暝

Lah-jīh _20091004

天猶未暗，炮仔聲tiō pìn-pòng叫，街路店口chia一爐、hia一堆，攏是準備beh烘肉過節。中部運氣chiâⁿ好，天氣清爽，淡薄仔雲，月是chiah-nī光，可惜擇頭欣賞的人無濟，有的顧烘肉，有的顧放煙火，四界攏是煙火光影參著爆炸

聲，鬧熱有影鬧熱，總是感覺若像有欠啥物？

過去tuà庄跤，tn̄g-tio̍h 8月15，需要拜神明，拜神著做紅龜粿，大人無閒刣精牲仔kap做粿，囡仔等beh食肉餅、刣柚仔kap食紅龜粿。

等到食暗飽，著搬椅條、桌仔到門口埕，桌頂囥幾粒柚仔、幾塊冬瓜鹵肉的肉餅，閣chhuân一鈷茶(滾水)，已經phong-phài--ni-ni，囡仔有食tiō-ē跤鬆手弄，門口埕sńg ng咯雞覕相找，ī ng-sut-lí-hî、走相jiok、蹌跤雞(chhiāng-kha-ke)，ná食ná chhit迌。大人罔hap-sian，罔談論，chiâ的稻仔上媠，siáng的田園猶未祀土地公(thó͘-tī-kong)枴，有時大人會騙囡仔，恁毋通顧sńg，天頂小看一下，頭愛taⁿ-taⁿ、喙開開，thang等候天頂滴落甘露水，會當長歲壽--哦。

頭taⁿ-taⁿ看天頂，一粒圓圓的月娘ná雞胿仔、ná白柚，囡仔人戇戇想，肉餅若像月娘chiah-nī大塊m̄眞好，有人問，月娘有jōa大？像kám-ô͘大？毋著！毋著！日頭才像kám-ô͘大，月娘kan-na像kám-á大--niâ，雖然像kám-á大，嘛會當食幾若工？有人講伊看著一个人leh剉柴，有人講伊看著一隻兔仔leh走，毋過我看來看去，khah看嘛像一粒西瓜掛天頂？

彼暗逐家sńg到毋知影去睏，無人承著甘露水，頭毛凍著露水是有影，身軀閣會小可畏寒，緊來去睏較有影，明仔載若趕bē赴去學仔讀冊，是會hông拍尻川。

60年前的月hiah-nī圓閣光，盈暗的月仝款彼一粒，仝款hiah-nī圓閣光，毋過看月的心情卻是無仝款，欠缺一種恬靜、輕鬆、自由自在做夢「觀」月會的心情。

〔蕭平治〕

70足歲生日感言

Lah-jih _20110808

舊年「爸爸節」tú好禮拜日，一家伙仔相招去竹北後生hia慶祝兼chhit-thô，boeh晝後仔，二查某囝偷偷仔講：「Tiat--è已經訂好所在，boeh kā爸爸做生日，是一間日本料理店--ō！」

「Ò！原來今仔日是8月初8--ò！」

自從囡仔出社會，ē-hiáu主動kā pē母做生日了後，to̍h認定「8 8節」是in pâ ê正式生日，in講1941年8月8日to̍h是舊曆6月16，「8 8節」當然是爸爸ê生日。囡仔ê講法有道理，太陽曆ê算法khah符合四季變遷規則，若講出生年月日ē影響人ê運命，太陽曆應該比太陰曆較準chiah-tio̍h，舊曆6月16生日煮豬跤麵線，to̍h pìⁿ-chiâⁿ老某仔ê專利。

1941 hit年舊曆6--月有兩个，太陽曆8月8日hit个6月16是閏月，chhiau-chhōe網路萬年曆，發現1941到2011，kan-na出現1941/1960/1979/1987四擺閏6--月，莫怪一生m̄-bat重視過家己ê生日，敢講宿命注定好好？食豬跤麵線過生日，是結婚後ê記智，常常是豬跤麵線上(chiūⁿ)桌，chiah知是生日到--à，有一年上譀古--ê是豬跤麵線食1碗了後，猶leh問：「今仔日是chiâ ê生日？」

戰亂時期出世tī散赤ê庄跤囡仔，4歲tȯh無老母，18歲koh失去老爸，ē-tàng平順快樂過童年，順利讀12年冊，chiâ^{n}做崁頂庄 頭一个國校老師，除了pē母恩賜ê善良kap聰明腦智，siōng-kài感心感謝--ē著是4位阿兄kap 4位阿嫂，阿兄協助老爸維持家庭經濟，阿嫂hōa^{n}家煮三頓、洗衫補thī^{n}，hō͘這个細漢小弟細叔kap人有比phēng，健康平安大漢，若講有啥物遺憾，tȯh是無「Ī--ā」thang叫，無老母thang nòa thang sai-nai依倚。

7歲進前chiâ^{n}-si̍t「幼稚無知」，記智無濟，tī老母過身前1年，大嫂tȯh已經娶入門，Ī--ā過身，大嫂soah pì^{n}-chiâ^{n}養飼細叔ê天使，戇戇m̄知世事ê幼兒，伊ê認bat，「大嫂」tȯh是老母ê意思，boeh食boeh睏、boeh chhit-thô boeh放尿，一聲「大嫂」，隨時伺候kah到，一日天光到黃昏，無論煮飯、擔水、洗衫，有大嫂ê所在，m̄-sī āi^{n}-tī尻脊骿，tȯh是tòe-tī尻脊後，細叔歡喜，大嫂tȯh歡喜，細叔若吼，大嫂tȯh tòe-leh目屎流，有大嫂ê疼惜，「無老母」ê遺憾soah消失到無影無蹤。一直到7歲以後，二兄結婚，二嫂娶入門，大嫂chiah chhōa ta^{n}-á滿4個月ê頭chiū^{n}-á囝跟tòe翁婿去阿里山做工趁錢。

Ē記得二兄二嫂結婚hit一日，是入學讀冊ê第三工，因為歡喜娶阿嫂，無去學校，老師分--e ê 1塊攄仔kap 3枝鉛筆，是全班同學阿目提--轉來--è。Hit暗新娘請食茶，模仔兄做紹介，tȯh kap阿道兄bih-tiàm眠床後看鬧熱，因為chit个好因緣，隔轉工新娘tȯh pì^{n}-chiâ^{n}陪伴過國校、初中10冬久長生活ê二嫂。

國民學校6年，食、穿、讀冊、chhit-thô，無煩無惱，快快樂樂，攏是二嫂照顧tîⁿ-tòe，無稽考、無怨嘆，關心ê起工kap親生囝kāng一樣。牛仔班出業koh去讀補習班kap彰化初中hit 4年，koh-khah hō͘二嫂無閒操煩，也boeh io細囝，也boeh發落細叔ê食穿洗盪，讀冊是三更燈火五更雞，boeh赴6點khòng 5分 ê早班車，需要4點半起床煮飯，暗時7點猶著款hō͘ taⁿ-á入門ê細叔食飯，厝邊to-toan查某人教伊「chhiâⁿ細叔無人情」，ka-chài二嫂並無改變疼心，chiah-thang順利完成學業。

斯當時ē-tit讀省立彰化中學，眞正m̄-sī簡單代誌，出業後，pún-chiâⁿ一意想boeh讀高工，親像庄內蕭昌國、蕭輔港án-ni「高文及第」做工程師，siáⁿ知考tiâu台中師範學校了後，老爸貪著讀冊免錢，出業頭路koh攢便便，從án-ni註定烏枋杙仔tèng 43冬。

上淒慘ê人生經驗，to̍h是踏入師範學校hit年，學校檢查身體發現有肺病，被迫休學，爲著靜養身體，to̍h tòe大兄去阿里山楠仔仙溪，hia有大嫂ê招呼照顧，三頓營養補充，山內充滿芬多精好空氣，身體慢慢勇壯起來，tī半冬內山生活，經驗著peh山、集材工仔鉤柴、烘便當、hiâⁿふろ水、浸ふろ(浴桶)kap做流籠工仔滋味……。快樂日子眞緊過，9--月復學liâm-mī到期，歡喜tī心內，siáⁿ知3暝3日無停無歇大雨，造成損蕩台灣轟動國際ê八七水災，社頭許厝寮三姑一家口仔，hō͘ chhū山土石流chhōa走5个人，阿爸mā 因爲破病兼傷心，tī 8月23日過身。

9月初一，chah 滿腹悲傷、稀微心情轉來學校，仝款環境無仝款同學，眞緊to̍h適應，坦白休學因端，同學mā包容不幸ê過去，3年師範生活ē-tàng歡喜平安過日，是上大因素。3冬教師養成教育tī充滿新奇、享受、獨立、感恩、喜樂、忠貞、愛國、向望……摻一寡懵懵懂懂經過，庄跤散赤人踏入都市，pō-pîn kap chi̍t-tīn朋友tòa作伙，同出同入，食飯、讀冊、歇睏、chhit-thô、睏眠，實在趣味心適，三頓食si̍t比厝--裡好重倍，睏是睏總舖，洗浴做伙洗，家己洗衫褲甚至補紩(thīⁿ)；未來是boeh教人子弟，華語(國語)第一，數理俱備，音樂美術要緊，彈琴一定ài-ē，其他寫字、書法、西畫、國畫、體育、跳舞lóng-tio̍h學，眞正十八般武藝件件ài有二步七--à，上重要--è是「中華文化基本教材」四書kap三民主義若無過關，包領你bē-tàng出業，因爲老師ê任務著是ài教出忠貞、愛國ê好國民。

3 chhiân 4 chhiân，滿21歲chiah初出洞門踏入社會，開始教冊趁錢，月給750箍加米貼、油、鹽配給kap厝稅錢補貼，8--月起薪，10--月做一擺領3 個月薪水，初出社會ê食頭路人，需要基本配備，身穿2軀600，手錶1 kâi 400，鐵馬1隻1300，皮鞋1雙150……，兩千幾箍現金三下半手to̍h ta-tin，無夠--è暫時用賒--ê，chhun--ê chiah-koh ta̍uh-ta̍uh-á hak。師範學校出業是正科訓導，地方人士看重，學校隨時安排升學班惡補，眞正是輪迴，7冬前是家己leh惡補拚升學，chit-má換來kā人惡補mā是拚升學，是leh做功德抑是tī-leh損蕩囡仔栽？一時soah失主裁。家己是惡補致蔭，he是不得不，chit-má boeh教升學班，需要惡補，敢是不得不？敢ē致蔭學生？既然著潦落去教，教法、態度需要斟酌考慮。

無意中行入教冊這行，感覺chiâⁿ有興趣，逐日kap囡仔交陪，教in生活常識hām國語、數學、唱歌、畫圖、體育、寫字，眞有成就感，出門、入門，大人、囡仔1聲1聲「老師」「老輸」，不止仔「má-se má-se」tī心內。教升學班有補習錢thang收，橐袋仔錢財自然飽飽，1 個月加boeh 6,7百箍，「無錢萬萬不能」總是得著印證，過去因爲無錢，m̄-chiah che也無法度、he也無法度，只有欣羨心情khǹg心內。

人，有懵懂時期，過去乖乖是因爲無錢，一下家己ē-hiáu趁錢，心思to̍h-ē作怪，除了認眞教冊，下班了後to̍h kap同事、朋友交陪，看電影、食點心、買合意ê物……，享受一寡鬱卒心內眞久ê tháu放，hām he貴參參ê西裝、音響都kā hak--落去，斯當時西裝1軀是2 個月薪水，ラヂヲ(收音機)tàu電唱機1組3 個月薪水，kài-sêng好額人囝--leh，兄哥阿嫂從來m̄-bat khe-khó，mā無提醒tio̍h-ài儉錢。Chit-má想起來，感覺眞m̄-bat代誌，對兄嫂ê疼惜付出足歹勢。

服務3冬to̍h-ài做兵，hit年25歲，同年--ē ê朋友已經退伍，經過2 個月大頭兵訓練，差一屑仔留tiàm兵營做訓練班長，kài好運直接落部隊分派去空軍病院做衛生兵，tī藥局調劑合藥仔，這是好所在，chiâⁿ百味ê成分藥等你來認bat，bē-hiáu--è有醫官、司藥官thang問thang請教，siàu想3年退伍ē-tàng開西藥房趁大錢，to̍h開始認眞péng藥冊、研究醫官開ê處方籤，tauh-tauh-á有心得了後，toh利用歇假時陣，chah一寡藥包、藥丸轉去厝--裡備用，mā提肝精、ビタミン/bitamin/維他命類ê注射劑kā大嫂注血筋，一時pìⁿ-chiâⁿ密醫赤跤仙。藥性、藥理bat jú-chē jú驚惶，hiau-hēng錢失德了，che敢是趁錢ê步數？Che敢是趁錢ê步數？從此m̄-káⁿ koh theh藥hông食，koh-khah m̄敢kā人注射，siàu-siūⁿ開西藥房趁大錢ê念頭tauh-tauh放水流。

3年少爺兵無寒暑假，ná像一目nih，mā ná像長ló-ló，雖罔學tioh bē少醫學常識，猶是感覺浪費青春，3年中間mā tn̄g過幾个女性，總是緣份未到，連開花都無，當然無結果。M̄-chiah軍中一退伍，媒人toh隨時到，紹介對象無1打mā有8,9个，人講「姻緣500年前注好好」，hô͘-lùi-lùi ê媒人講bē好勢，偏偏hō͘ he m̄-bat做媒人ê同事秉夷兄趁著媒人禮，爲著好姻緣，秉夷兄chiâⁿ-gâu編chiâⁿ-gâu騙，chit-pêng講「人看了眞kah意」，hit-pêng講「人準備年底toh-boeh娶」，toh án-ni「媒人決定，兄嫂同意」，kap牽--ê完婚睏做伙，hit暝生米煮chiâⁿ飯，toh sai-nai kā猶眞生份ê新娘講「咱chit-má開始戀愛」。1969年代ê婚姻，窮眞有夠khong-khám笑詼，唯一ē-tàng解說toh是「ta柴烈火，1个boeh娶，1个boeh嫁」，khong-khám罔khong-khám，笑詼罔笑詼，42冬ê「誠懇做伙」to-iā生3个查某囝1个後生，罕得冤家koh。

人生路途總是有1个ē-tàng saⁿ-kap依倚體貼親近ê伴，日子過了加足實在，翁某互相參詳經營家庭，經過鹹酸苦chiáⁿ「saⁿ-óa-pn̄g，1碗菜湯」ê拍拚，1个家toh漸漸成長漸漸旺盛。

牽手是西裝司傅，結婚4個月搬去街市稅店開1間「國華西裝社」tàu趁錢，孤跤手眞無閒，也boeh三頓也boeh生理，裁、剪、車、thī^{n}、熨兼招呼人客，厝稅、水、電開銷日日ân，kơ-put-lî-chiong，老師pì^{n}(變)師傅，蹽落去kap伊舞，「娶雞tòe雞飛，娶狗tòe狗走」，無gōa久，裁、剪、車、thī^{n}、熨已經「一手包辦」，娶某生囝趁錢兼上班有9冬是稅厝徛，粒積買厝無向望，牛奶錢、讀冊錢……是重擔，aih！Beh-siá^{n}步？

是好運，是貴人，抑是人緣好得人和，有人報知有販厝(預售屋) ē-tàng分期慢慢仔攤納，to̍h chhân-chhân訂1間，hit時儉12萬箍寄tī教導主任hia生錢仔囝，好佳哉一位朋友thok頭，趕緊kā錢討--轉來，差一點仔to̍h hông倒去，12萬boeh買75萬ê厝，三兄提興土ê某本15萬tàu-sa^{n}-thi^{n}，無夠10萬to̍h用貸款，37歲總算有家己ê岫，10坪地起2樓，後來違章koh搭3樓。

30坪tòa 6个人，樓跤西裝社兼煮食、洗衫、便所，用心chhiâ^{n}養4个囝，重要是in ê基本需要m̄-thang缺乏，chhun--e ē-tàng chhun gōa-chē to̍h算gōa-chē，貸款10萬箍，5冬做3年還完，開始siàu想家己需要，買ơ-tớ-bái、音響，小可享受，tī巷仔內徛家tòa 12冬，囡仔已經初中kap高中，mā tī附近koh買1間舊厝殼，因爲kā二妻舅擔保liáu 40萬，舊厝殼soah拖5,6冬chiah整修徙入去tòa。

整修過ê舊厝殼ná新--ê，開bē少錢，1989年頭徙入來tòa，仝款辦貸款，仝款借錢補添，不過心肝頭加眞自在，仝款開西裝店tàu做衫，仝款課後補習(善補m̄-sī惡補)，無閑chhih-chhih，目的to̍h是boeh粒積財產，過較好生活，世俗人生，「食衣住行育樂」。

1991年是人生價値轉變ê契機，hit年5--月買第一台轎車，3工後駛去鹿港參加1禮拜ê鄉土文化研習(hit-chūn是民進黨ê周清玉做縣長)，買1本《彙音寶鑑》開始台語音韻研究，自按呢生活箍仔ùi騎o͘-tó͘-bái 20Km半徑擴大到200Km半徑，上北落南、往東往西，出在家己主意。

1993年接受鄭良偉教授「漢字lam̄羅馬字」台語文書寫觀念，開始接觸pe̍h-ōe-jī，第一篇台語文《阿爸ê鹿角薰吹》to̍h tī hit暗完稿，10月tī《台文通訊》第24期發表，得著鼓舞，自án-ni南北二路奔波走從，參加聯誼會，出席座談會，營隊，研習會，有台語文研究機會，盡量踏跤到。

1995年學電腦，tī MS-DOS環境下應用TW301台文軟體試翻有字天書「七字仔」做漢羅文，加強台語漢字認bat kap白話字取代漢字功能，有電腦助贊，「喙講台語，字拍台文」加眞sù-sī liú-lia̍h，che tio̍h感謝賴彥君先生kap後生Tiat--è指導。紲--落去Windows 95出現，學上網、寫e-mail，生活空間眞正「無遠弗到」，透過「雲頂」，交陪眞濟台文朋友，有牧師，有學者，有少年--ê，有年紀差不多--ê，精進台灣文化，無論語言、歷史，重新認bat。

1996年吳宗信教授紹介蘇芝萌教授ê《HOTSYS®（Hō-Ló Tâi-bûn Systems）台灣版》，tī Microsoft Windows 拍字，koh-khah提高速度、利便，台語聲韻思考、羅馬字輸入方式，

chiâⁿ做純正、toan-tiah、原汁ê台語文書、台語文學bē-tàng代替ê「正法」，hit-chūn mā有tàu造詞庫，增加輸入法功力。

1997年呂興昌教授牽教，大量創作「台灣俗語鹹酸甜」，提升寫作能力，隔轉年得著教育部獎勵，kā 50,000箍獎金thėh來買第一台Notebook，方便台語文寫作kap教學推sak。

1999年「賴許柔文教基金會」助贊出版第一本冊《台灣俗語鹹酸甜第一冊》，愈來愈有成績，愈來愈有信心，一直鼓舞家己koh-khah拍拚。

電腦技術開發神速，HOTSYS上尾版tī 1999年左右發表，配合Windows 98/ME kap Word 2000。2001年微軟推出Windows XP，HOTSYS®2000版無法度適用，tȯh無koh改版，台語文書寫者失去一套有力koh好用ê家私。紲落去林俊育長老陸續開發KKS輸入法、YKS輸入法、FHL台語客語輸入法，tòe-tiȯh世界跤步行，充分展現台語文書已經行向電腦資訊網路世界。Chit中間除了寫作、教學以外，mā幫贊輸入法詞庫ê增加、研究討論事工。

簡單講，ùi 1991年5--月買車kap 1995學電腦了後，tȯh眞kut-lȧt tī台語文寫作、推sak事工，到2005年8--月退休，爲台語文、台語教學做過bē少khang-khòe：認眞寫作、編寫教材、囡仔歌、講古、笑詼……、建置網站、blog、出冊；擔任彰化縣國教輔導團台語兼任輔導員三年、台語種子教師五年kap台語師資培育講師三年，教現任老師認bat羅馬字、台語漢字、台語輸入法，mā hông邀請去外縣市教學；2002年擔任「教育部國語推行委員會」委員，2003年擔任「調查國民中小學閩南語教科書或教材用字計畫」工作小組委員，參與政策性ê工作。10-thóng年中間，家己駛車，chah 1台筆記型電腦，南北二路來來去去，生活kài無閒、kài充實。退休後，pún-chiâⁿ想講ē-tàng較清閒淡薄--à，siáⁿ知1學期了後to̍h受聘中山醫學大學台文系教「台語讀寫」，kap擔任彰化縣台語顧問，繼續台語文教學推sak事工。

俗語講「七分鑼鼓三分唱」、「好前棚iā-tio̍h好後棚」，「kui欉好好----無錯」，一个成功查埔人ê後壁，一定有一个支持sio-thīn ê查某人，雖罔一生m̄-sī kài有成就，但是厝內有1个好牽手一直支持sio-thīn，確實是眞幸運，家庭經濟sio-thīn、朋友交陪sio-thīn、親情之間pôe-tòe sio-thīn、台文運動事工sio-thīn，因爲牽手開化明理，chiah會當歡歡喜喜、輕輕鬆鬆自在人生，chiah會當無煩無惱爲台灣文化做一寡有意義ê khang-khòe。

投入台語文運動chit 20冬，除了牽手支持幫贊，後生查某囝mā眞乖巧自動tī in ê學業，hō͘ in pâ放心南北二路cháu-chông。1990年大查某囝讀大學開始，相紲7,8年中間，款4个囡仔大專教育生活支出，䆀kah phīⁿ-phēⁿ喘，除了西裝社收入tàu-khêng，妻大舅及時雨ê幫忙實在chiâⁿ感恩，當時學校考核獎金lóng-tī 10月chiah領ē-tio̍h，學生註冊是9月初，10萬箍支出ê時間差，to̍h是kā妻大舅暫撥--è。雖罔經濟phái-pháng，爲著台文事工，1995年to̍h kā學校要求擔任中年級級任，免koh kā學生補習，利用教冊以外時間，thang有時間思考寫作題材、內容，創作需要tiām靜激頭腦，有一暫仔眞正疏忽牽手ê存在，食，戇神戇神、坐，戇神戇神、連睏都戇神戇神，因爲頭殼內攏是leh佈局思考，一日1-chhiám ê鹹酸甜(俗語)，呂興昌教授等boeh上網。

1999/1/30~2/10去新社鄉參加10工內觀禪修，得著一寡奉獻付出ê啓示，1999年921大地動ê悲慘，印證人生無常、人生是苦ê本質，2000、01、02年連紲查某囝後生結婚，人生進入另外一款無仝ê坎站，是歡喜ê期待抑是操煩擔憂，充滿不定數，m̄-sī家己ē-tàng控制ê未來，總是好佳哉，平安是福，平凡中自然安定過日，到taⁿ已經有5个孫thang sai-nai叫阿公。

回想70多ê人生，充滿「菜籽á命」ê不定數運命，雖罔處處出現貴人相助，hō͘坎坷路途化做平坦公路，若m̄是家己ê善良、phah拚、安份、認命，無一定？無一定！無一定ē變做啥款人生？40年代ê庄跤台灣人，ē-tit師範學校出業做老師，實在萬幸，不過成做1位讀冊人，冊讀傷少確實遺憾，細漢時，老爸to̍h教示，閒冊、小說m̄-thang看，戇直聽話有孝soah kā老爸ê話當做金言玉語。Hó-ka-chài心性善良，關心在地身邊ê ta̍p-ta̍p-tih-tih，hó-ka-chài有坐著「台語文書寫運動」ê班車，細漢做店仔撐(tiàm-á-thèⁿ)ê記智，soah pìⁿ-chiâⁿ在地語言書寫ê肥底，1992年到今m̄-bat停睏，得著內心思想敨放(tháu-pàng)，得著bē少pho̍k-á聲，得著一寡世俗名譽(bêng-ī)。

雖罔一生讀冊無濟，總--是若有讀著好句讀(kù-tāu) lóng-ē kā-i khǹg入心內，戇戇想boeh實踐照行，親像「道可道，非常道；名可名，非常名」，Tòh影響著世俗虛名ê淡化，眞理、道理、歪理ê辨別；「人若賺得了全世界，賠上自己的生命，有什麼益處呢？」改變趁錢ê需求，bē重錢財；參悟「苦集滅道四聖諦」，阿羅漢果：「我生已盡，梵行已立，所作已作，自知不受後有。」Kap緣起法：「無明・行・識・名色・六入處・觸・受・愛・取・有・生・老病死憂悲惱苦」ê佛法教義，加減改變對人生意義有無仝款ê解說；「柔弱生之徒，老氏戒剛強」是一向bē kap人爭出頭ê安心丸。1997年書寫「台灣俗語鹹酸甜」會得重新思考傳統人生「tio̍h kap m̄-tio̍h」ê分別，破除迷信，重新解說人生價値；2009年開始編寫家譜，閱覽族親戶籍謄本記載，to̍h若像讀著1-phō 蕭--家歷史，對世俗因果關係koh-chài 一擺重新調整印證，應該是「斷chit-má ê因，chia̍h-bô以後ê果」，m̄-sī「看著chit-má ê果，chiah來chhiû過去ê因」，chit種ná-tio̍h ná-m̄-tio̍h(似是而非)ê論說。

最近一直leh思考孔子公講--è：「吾十有五而志於學；三十而立；四十而不惑；五十而知天命；六十而耳順；七十而從心所欲，不踰矩。」名言，都也滿70歲--à，m̄-chai tang-sî chiah ē-tit「耳順」「從心所欲，不踰矩」？

古早人飼囝是爲著養老，後來有人講，食老ài有老本、老伴、老朋友，chit-má卻時行「mài kâng管；錢留leh家己開；m̄-thang等」ê講法，講也有理，囡仔都也成家立業，生活都也會得過，關心to̍h好，kâng管chhòng-siáⁿ？家己退休金留leh家己支配，khiû-khiû儉儉phah-piàⁿ一世人，chit-má kā享受一下 mā 無要緊，金錢做會到 --ê、健康 --ê、有意義 --ē，需要 tio̍h kā 買，愛用 tio̍h kā hak，幫贊 -- 人、奉獻社會 mā 免 m̄ 甘，ná-tio̍h koh 等？M̄-sī 討債開，mā m̄-sī 烏白來，koh 等是有 gōa-chē 日子 thang 等？

6年前退休了後，有較濟時間 thang 自由自在，除了教冊寫作以外，想 chhit-thô tio̍h 來去 chhit-thô，駛車 mā 好，坐車 mā 好，上北落南、行東往西攏 kā 行踏，後生查某囝兜攏 ē 使得來來去去，抑是來去拍球、peh 山，相機 chah--leh，隨時 ē-tàng 翕相、錄影，無，tio̍h tiàm 厝 -- 裡 sńg 電腦、sńg ipad，唱 KTV、聽音樂，goa 自在 goa 逍遙 --leh。眞正是「夕陽無限好，只是近黃昏」，ah！M̄-tio̍h！應該是「暗霞 chin-chiàⁿ súi，因爲 tī boeh 暗 á 時」。

2011年8月8日前2工，一家伙仔相招來到台南大查某囝兜慶祝「8 8節」兼「70足歲生日」，先去飯店食1頓好料 --ē，chiah 轉去厝內切雞卵糕，一家口仔9个大人5个囡仔，鬧熱滾滾，喙仔笑 bún-bún。Ĕ？今年 ê 豬跤麵線 ná-ē 無食 tio̍h？敢講老某仔 bōe 記得？Iah 抑是老某仔已經「bē 執著」，行出無合時勢 ê 傳統束縛？

蕭陳敬 十二生相歌

Lah-jih _19990112收集

(外附錄一首)(1999.04.18上網) 蕭平治.漢羅譯寫

講述者：蕭陳敬女士，七十八歲，無讀冊。

采錄者：蕭國照、蕭國鏞、蕭鏞立兄弟，蕭陳敬女士ê後生。

時間：1999.1.12 地點：彰化縣田中鎮崁頂社區厝內。

蕭平治漢羅台語記音。HOTSYS® 電腦拍字。( ) 內是蕭平治補寫。

Niáu鼠出世tī壁空，仙丹開花朱朱紅，
阿娘生做真四pāng，目睭重巡sut倒人。
牛囝出世beh拖犁，阿君坐koân娘坐低，
(目睭sio-siòng手sio挨，) 較好水晶做玻璃。
虎囝出世人人驚，梧桐開花tī京城，
阿君講話若無影，鐵板鋪橋鬼也驚；
阿君講話若有影，燈心鋪路娘敢行。
兔囝出世目紅紅，菅蘭開花青變紅，
(阿娘若想beh嫁翁，千萬m̄-thang嫁別人。)
龍囝出世tī半雲，黃kiⁿ開花滾lún chūn，
阿君kah娘無緣份，無彩戇跤行hiah匀。
蛇囝出世sim-hiông-tn̂g，菅蘭開花青變黃，

阿娘生做真好sńg，喙phóe唚著較甜糖。
馬囝出世親像驢，玉蘭開花清芳味，
阿君先hiau做你去，（liân-hôe娘仔心傷悲。）
羊囝出世會發鬚，娶著歹某愛解救，
（規日心情拍結虯，）親像死蛇活尾溜。
猴囝出世tī深山，樹莓開花無人khoàiⁿ，
阿娘無君beh按怎，一陣燒來一陣寒。
雞仔出世親像鳳，阿娘愛君m̄敢講，
（心內鬱卒bē清爽，）假仙食酒感著風。
狗仔出世目未開，夜合開花結含蕾，
阿娘生做真正súi，姻緣無配大剋虧。
豬仔出世親像象，韭菜開花一支hiuⁿ，
阿娘生súi別人兜，透風落雨bē-tit到；
楊桃生成五liàm溝，親像生番pé路頭。
日本過--來戴白帽，夭壽日本掠阮哥，
日頭落山就煩惱，捧著飯碗想我哥，捧著飯碗食bē落。

【註解】

1 眞四pāng：四正、平pāng、端的（toan-tiah)，[長得端端正正的]。
2 Sut：甩，使目尾，[送秋波]。
3 Koân：懸，koân。
4 黃kiⁿ：黃梔，[梔子花]。
5 滾lún-chūn：滾lún-chūn滾，[捲來捲去]。
6 行hiah勻：勻，ûn，chiâu勻，均勻，[走得勤又周到]。
7 Sim-hiông-tn̂g：心、雄、腸？雄心腸：心肝眞雄。
8 眞好sńg：眞有意思好做伙，[眞好玩]。

9 喙phóe哻著：[臉頰親到，親到臉頰]
10 Hiau：僥，反僥，[背叛]。
11 Khoàiⁿ：khòaⁿ-kìⁿ，看見。
12 Hiuⁿ：香，拜神ê線香。
13 Bē-tit到：bē-tàng到位，[不能到達]。
14 五liàm溝：楊桃生做5-liàm溝。
15 Pé路頭：[把守路中央]，當路搶劫。
16 戴白帽：指日本海軍ê軍帽。

〔外附一首〕

講述者：蕭陳敬女士，七十八歲，無讀冊。

采錄者：蕭國照、蕭國鏞、蕭鏞立兄弟，蕭陳敬女士ê後生。

時間：1999112 地點：彰化縣田中鎮崁頂社區厝內。

蕭平治漢羅台語記音。HOTSYS® 電腦拍字。

（日據時代，社頭水源地水廠做工時，有查埔人kā in khoe-sian ê唸謠）

阿蘇大厲害，阿藝隱痀好目眉，

阿藕好詼諧，阿金--a上實在。

〔註解〕

1 Khoe-sian：查埔人對查某囡仔khoe-sian，是[吃豆腐]ê意思。
2 阿金：蕭陳敬女士ê本名。

後記：

蕭陳敬女士，1921年生，19歲kap彰化縣田中鎮崁頂庄ê 蕭朝木先生結婚，生有三男四女，1999 年2月4日過身，享年79歲。Tī 1999年1月12日進前，病重轉來厝內靜養彌留狀態之下，囝孫圍tiàm身邊安慰phò-tāu之時，一時歡喜迴光返照ê狀態下，唸出chit首「十二生相歌」，雖然無眞完整，實在嘛眞無簡單。根據蕭陳敬女士ê大後生蕭國照先生ê說明，自伊出世到taⁿ 58歲，攏 m̄-bat聽過in老母唸過siáⁿ-mih歌謠，thài會雄雄一時唸出chiah-nī lò-lò長ê四句連，而且tâⁿ誤無濟，伊是一个無讀過冊ê庄跤查某人，大概是做查某囡仔時代學--ê，這ùi伊另外hit首「四个查某囡仔一組」ê背景就ē-tàng瞭解。

註解部分是由漢羅台語記音者蕭平治kap蕭國照兄弟，斟酌參考了後才注解，其中「日本過--來戴白帽」chit 句，是講in翁婿蕭朝木bat hō͘日本仔徵召去做日本海軍。唸出chit兩首唸謠了後，就無閣再唸，病體嘛無閣再好--khit來，拖到2月4日就來別世，留hō͘ in ê序細無限ê懷念kap不可思議ê驚嘆！

霧城

‧‧‧‧‧K115 / 沙卡布拉揚 / 平裝 / 450元

台語文學語言長篇小說，亦是世界文學上獨一無二　光彩。台語文學家沙卡布拉揚以直白精彩的台語，透過寫實又帶科幻色彩的反烏托邦式小說，勾勒出以台灣現實爲架空基礎的「台母」以及「霧城」世界觀，隱喻台灣歷史上的人物、事件、地點，帶領讀者在「霧城 / 台母」的世界中，看見島嶼的歷史命運，展開一場追尋土地與認同的戰鬥。

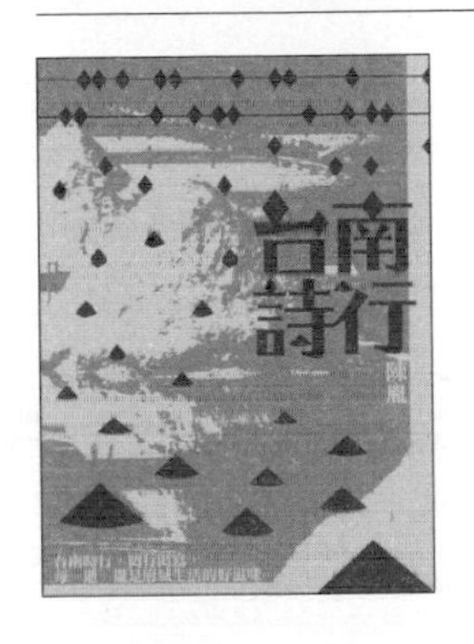

台南詩行

‧‧‧‧‧K114 / 陳胤 / 平裝 / 300元

以駐市藝術行動漫遊台南，詩人陳胤沉浸在府城巷弄間，放慢速度和城市一同呼吸，體驗自在閒適的日常，凝視府城深厚的歷史。從個人抒情到家國想像，開展一趟重新認識台南、深入自我靈魂的母語詩行旅。

本詩集分四卷，收錄56首台南駐市詩作，透過詩語言紀錄府城生活的點滴所感，並以府城地景進行「影像詩」創作，在與城市景點角落偶然的互動與靈感浮現的瞬間，寫下深度旅遊的心靈風景。用台語的氣口，呈現原汁原味的「台南款」。

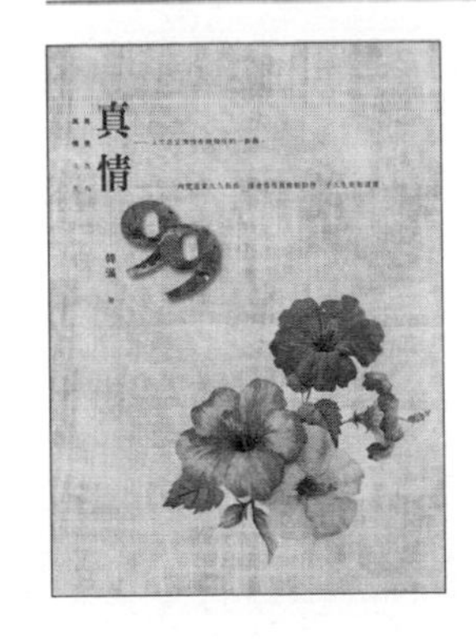

眞情99

‧‧‧‧‧K113 / 韓滿 / 平裝 / 220元

人生是足濟情牽纏做伙的一齣戲。長年注心本土語文教學佮創作的作者韓滿，將伊對日常生活、人情世事的觀察佮體會，分作親情、翁某情、師生情、朋友情、有情、眞情六種情。將這本散文集號作「眞情99」，向望逐家久久長長，攏會當用眞情相對待，予人生美麗圓滿。

人佮人之間眞情對待，會引起感動，無仝款的對象，也有無仝款的情感佮故事，對性命、對歲月當中不斷生湠出來。韓滿用親切的台語，有話就直透講，有情就直透寫，替人說眞情，無定若你、無定若我，用溫柔的氣口，佮你交陪。

挩窗去弄險：大士爺厚火氣

……K112 / 鄭順聰 / 平裝 / 400元

舊曆七月二三，鬧熱滾滾的民雄街仔，當咧舉辦一年一改上重要的下街祭典。仝一　時間，煞無人知影，打貓神明界發生百年來上大的危機。
神明界有難，派瘂虎爺去人世討救兵，無疑誤去揣一　囡仔疕，號做「挩窗」。好佳哉挩窗眞巧骨，跤手猛掠，台語輾轉，和瘂虎爺成做一對貼峇冒險伴，一關過一關。in敢會赴佇普渡化火進前，收伏鬼王？
鬼王掠狂來作亂，光明向望佇人間。一逝飛天鑽地，捙拚戰鬥，出入歷史傳說，解救神明界危機的神怪奇幻弄險古，就欲來起行囉！

月光

……K111 / 陳胤 / 平裝 / 320元

詩人對世間風塵的愛戀與不捨，化做憂悶、疼惜的母語歌詩。陳胤以淺白的台語詩文，尋找生活中與土地的連結，由個人生命與情感的抒發，擴及對母土島嶼的關懷與同情。他對外部世界投入感性的悲憫，爲內在的母語賦予硬頸、拚搏的性格，完成構築極富情感與聲韻的詩篇，也是在台語文創作的路上，一路拾起語音與記憶的心情筆記。

酒蜜100

……K110 / 韓滿 / 平裝 / 250元

出身嘉義的退休教師韓滿，長年擔任本土語文輔導員，投身本土教材編寫、文學創作、演說、朗讀、語文競賽指導，榮獲教育部績優肯定。
她懷抱學習台語的熱情，經歷人生的酸甜苦澀，以敏銳的心思、對時間與空間的深刻體會，活用台語的在地聲情，捕捉日常生活中的即景，瞬間卻深邃的感觸，將親情、感情、友情與愛情的感懷，化爲100首精彩動人的篇章，醞釀成一本香醇動人、情意飽滿的台語詩集。

超渡

‥‥‥K109／崔根源／平裝／250元

三本人生自傳，是一代台灣人、台美人的流轉足跡，也是台灣歷史命運的見證。經歷二二八、白色恐怖與美麗島事件，台灣人自黨國洗腦之中警醒。平埔族後裔在政治與文化的浩劫中，也將重新釐清身世與記憶，化除殖民與漢化的窒礙，尋回原初的信仰，看見文化原鄉的光芒。

落雨彼日：呂美親台語詩集

‥‥‥K108／呂美親／平裝／250元

走在台語文研究與創作的路上，呂美親對母語的追索與實踐，終於化為詩人的第一本詩集。《落雨彼日：呂美親台語詩集》選錄呂美親2001年至2013年間的台語詩作五十餘首，由家族記事牽繫個人成長，從鄉土關懷映照家國想像，不但體現呂美親的生命軌跡，更是同時身爲研究者與詩人的她，在跨越重新學習母語的困境後，以台語詩重新吟唱、傳承土地故事的發聲練習。

國家圖書館出版品預行編目資料

Lah-jih身世kap親人 / 蕭平治著. -- 初版. -- 臺北市：
前衛, 2020.01
面；公分

ISBN 978-957-801-887-7（平裝）

1. 蕭平治　2.家族史　3.傳記

783.318　　108011473

Lah-jih身世kap親人

作　　者　蕭平治
責任編輯　番仔火
美術編輯　宸遠彩藝
封面設計　日日設計

出 版 者　前衛出版社
10468 台北市中山區農安街153號4樓之3
電話：02-25865708 | 傳眞：02-25863758
郵撥帳號：05625551
購書・業務信箱：a4791@ms15.hinet.net
投稿・代理信箱：avanguardbook@gmail.com
官方網站：http://www.avanguard.com.tw
出版總監　林文欽
法律顧問　南國春秋法律事務所
總 經 銷　紅螞蟻圖書有限公司
11494 台北市內湖區舊宗路二段121巷19號
電話：02-27953656 | 傳眞：02-27954100
出版日期　2020年01月初版一刷

定　　價　新台幣300元

Printed in Taiwan　ISBN 978-957-801-887-7